Birte Kaufmann

# Der Gartenbauunterricht an der Waldorfschule

Menschenkunde und Erziehung

97

Schriften der Pädagogischen Forschungsstelle
beim Bund der Freien Waldorfschulen

Birte Kaufmann

# Der Gartenbauunterricht an der Waldorfschule

## Ziele und Aufbau, Methodik und Didaktik

Verlag Freies Geistesleben

*Birte Kaufmann* wurde 1976 in Münster geboren. Ein Freiwilliges Ökologisches Jahr (FÖJ) bildete die Basis für das nachfolgende Studium der Ökologischen Landwirtschaft an der Gesamthochschule Kassel (1997–2002).
Ab 2003 erfolgte die Ausbildung zur Klassen- und Fachlehrerin für Gartenbau am Seminar für Waldorfpädagogik in Hamburg.
Seit 2004 ist Birte Kaufmann als Gartenbaulehrerin tätig. Außerdem ist sie Dozentin für Fachdidaktik Gartenbau.

1. Auflage 2014

**Verlag Freies Geistesleben**
Landhausstraße 82, 70190 Stuttgart
Internet: www.geistesleben.com

ISBN 978-3-7725-2597-1


Fotos: Othmar Berndt, Birte Kaufmann und Michael Steffens
Lektorat: Susanne Heeber
Druck: Westermann Druck, Zwickau
Printed in Germany

# Inhalt

## Vorwort

Der Gartenbauunterricht ist ein Fach mit viel Potenzial für die Zukunft! Während es in den meisten Unterrichtsfächern in erster Linie darum geht, bestimmtes Fachwissen zu vermitteln, nimmt das Erlernen gärtnerischer Fachkenntnisse heutzutage eher eine untergeordnete Rolle ein. Was aber macht das Fach dann so wertvoll für den Bildungs- und Entwicklungsweg der Kinder? Welche Fähigkeiten benötigen sie denn eigentlich für ihren Lebensweg? Macht sie das «Anhäufen» von Fachwissen stark für das spätere Berufsleben? Ist es nicht so, dass wir in einer zunehmend technisierten, von Normen, Regeln, Rationalität und Vereinheitlichung geprägten

Gesellschaftsform darauf achten müssen, dass die Entfaltung von Individualität, von Kreativität und Verschiedenartigkeit nicht verloren gehen?

Die Lebendigkeit des Gartens und die damit einhergehende Vielfalt und Wandelbarkeit der Aufgaben bringt unerschöpfliche Möglichkeiten mit sich, sich in lebenswichtigen Grundkompetenzen zu üben: Verantwortungsbewusstsein, Selbstständigkeit, Mut, Willenskraft, Durchhaltevermögen, Demut oder Sozialkompetenz sind nur einige der Eigenschaften, welche mit der gärtnerischen Tätigkeit eng verknüpft sind. Diese Qualitäten der gärtnerischen Betätigung im schulischen Umfeld reichen weit über die – heutzutage ebenfalls sehr wichtige – anschauliche und praxisorientierte Auseinandersetzung mit Umweltfragen oder Naturzusammenhängen hinaus. Und trotzdem: Viele Kinder haben heute kaum noch die Gelegenheit, spielend die Natur zu entdecken und kennenzulernen – der Schulgarten bietet wenigstens im begrenzten Rahmen die Möglichkeit, Sinneserlebnisse zu schaffen. Des Weiteren bringt das Fach die wunderbare Eigenschaft mit sich, dass die Vielfalt der Betätigungsfelder und die möglichen Variationen der Aufgaben den individuellen Fähigkeiten der einzelnen Kinder sehr entgegenkommen.

Der Gartenbaubereich an Schulen braucht Menschen, die sich mit dieser Arbeit ganz verbinden können, die bereit sind, sich für diese Ideale einzusetzen und nicht darauf warten, dass ihnen ein Weg vorgegeben wird. Doch neben Engagement und Initiativkraft wird auch Fachkompetenz benötigt: Soll die Arbeit mit Kindern im Garten langfristig Früchte tragen, so ist es unabdingbar, sich die pädagogischen Grundlagen der verschiedenen Altersstufen zu verdeutlichen und bewusst zu machen, in welcher Form bestimmte Tätigkeiten und Aufgaben durchgeführt werden können. Nur mit Hilfe von fundiertem Grundlagenwissen und gut ausgebildeten Lehrkräften kann sich der Gartenbauunterricht auch weiterhin zu einem Fach mit zukunftsweisendem Charakter entwickeln und eine wichtige Hilfe für die Entwicklung der Kinder darstellen.

Für den Gartenbauunterricht an Schulen gibt es nur wenig Literatur. Als neue Lehrkraft in diesem Fach musste man bisher viel recherchieren, um an entsprechende schriftliche Informationen zur Unterrichtsgestaltung zu gelangen und sich die benötigten Themenbereiche individuell aus unterschiedlichen Quellen zusammenstellen. Aus dieser Situation heraus ist mein Wunsch entstanden, jungen Kolleginnen und Kollegen den Einstieg in die Arbeit zu erleichtern, indem ich in diesem Buch versucht habe, die wichtigsten Themen und Grundlagen der pädagogischen Arbeit mit Kindern im Schulgarten übersichtlich, verständlich und praxisorientiert zusammenzufassen.

Dieses Buch soll dazu anregen, sich intensiv damit auseinanderzusetzen, wie – und vor allem warum – wir unsere Arbeit mit den Kindern auf gewisse Art und Weise gestalten. Daraus können und sollten sich mit der Zeit eigene individuelle Ideen und Methoden entwickeln. Denn die Lebendigkeit, Individualität und Vielfalt der Natur und des Schulgartens sind das wertvolle Gut, welches letztlich die Besonderheit dieses Unterrichts ausmachen.

Neben der Vermittlung von Grundlagen werden in diesem Buch durch praktische Beispiele Wege aufgezeigt, wie einzelne Unterrichtsbereiche gestaltet werden können. Hierbei handelt es sich aber lediglich um exemplarisch dargestellte Möglichkeiten, welche die individuelle Gestaltungsvielfalt an den verschiedenen Schulen mit ihren charakteristischen Standortmerkmalen und Persönlichkeiten nur eingeschränkt wiedergeben können. Allerdings können sie dazu beitragen, mit Freude und Tatkraft die Arbeit an der eigenen Schule anzugehen und sich auf einen Weg zu begeben, der sich in lebendiger Weise immer weiter entwickeln wird!

Für mich stellt der Gartenbauunterricht ein Fach mit Zukunftspotenzial dar, dessen Möglichkeiten längst noch nicht ausgeschöpft sind!

Es wäre zu wünschen, dass immer mehr Schulen und Menschen dies erkennen und sich dafür stark machen, unseren Kindern diese lebensbejahenden und willensstärkenden Erfahrungen mitzugeben, anstatt auf verstandesorientiertem Lernen allein im Hinblick auf Schulabschlüsse zu beharren!

# 1 Die Entstehung von Schulgärten – ein geschichtlicher Überblick

Gärten haben schon seit Jahrtausenden eine wesentliche Bedeutung für den Menschen. Auch die Nutzung von Gärten zu Schulungszwecken hat eine lange Tradition. So traten in diesem Zusammenhang erstmals die Klostergärten des Mittelalters in Erscheinung, in denen primär die Klosterschüler eine gärtnerische Schulung erfuhren, aber zum Teil auch Außenstehende. Etwas später wurde erstmals nachweislich durch Johann Amos Comenius im Jahr 1632 gefordert, dass sich bei der Schule auch ein Garten befinden solle, der aber lediglich der Erholung der Schüler dienen und noch keine gärtnerische Lehrfunktion inne haben sollte.[1]

In der ersten Hälfte des 18. Jahrhunderts entstanden die ersten pädagogisch ausgerichteten Schulgärten, deren Einrichtung zunächst religiös-sittliche Motive zugrunde lagen. Zu nennen ist in diesem Zusammenhang der vermutlich erste Arbeitsschulgarten, gegründet von August Hermann Francke, und der erste Berliner Schulgarten, gegründet von dem evangelischen Theologen Johann Julius Hecker im Jahr 1750.[2]

Im letzten Viertel des 19. Jahrhunderts entwickelten sich, aufgrund der immensen Nachfrage an Pflanzenmaterial für den Biologie- und Anschauungsunterricht der höheren Schulen, in vielen deutschen Städten zentrale Anzucht- und Liefergärten, welche nicht für pädagogische Zwecke genutzt wurden, sondern lediglich der Versorgung der Lehranstalten dienten.[3]

Ende des 19. Jahrhunderts bzw. zu Beginn des 20. Jahrhunderts wurden so genannte Schülerarbeitsgärten geschaffen, deren Funktion erstmals in der praktischen Betätigung der Schülerinnen und Schüler begründet war. Die verschiedenen pädagogischen Bemühungen in der damaligen Zeit führten verstärkt zu der Anschauung, dass es für die Entwicklung und das Lernen der Jugendlichen von Bedeutung sei, durch körperliche Betätigung einerseits Tugenden wie Ausdauer, Ordnung oder Pünktlichkeit zu erlernen, andererseits verbreitete sich die Ansicht, dass das Lernen von naturkundlichen Zusammenhängen in der direkten Anschauung intensiver und nachhaltiger erfolge. Bis zu Beginn der 1930er Jahre gab es über ganz Deutschland verteilt mehr als 1100 Schulgärten.[4]

In der Zeit des Nationalsozialismus wurde die Arbeit in Schulgärten an Volks- und Hauptschulen mit dem vorrangigen Ziel betrieben, Kinder und Jugendliche zu befähigen, zukünftig Siedlungs- und Kleingärten selbst bewirtschaften zu können, um die Volkswirtschaft – und in Krisen- bzw. Kriegszeiten – die Ernährungslage des Volkes zu unterstützen.[5]

Nach dem Zweiten Weltkrieg kann sich die Schulgartenbewegung der Vorkriegszeit zum Teil noch bis in die 1960er Jahre halten, erhält aber keine neuen Impulse, sodass sie nach und nach wegbricht, die Schulgärten aufgelöst und der damit verbundene Unterricht abgeschafft wird.[6]

In der DDR wurden dagegen an fast allen Schulen Gärten zu Arbeits- und Lehrzwecken eingerichtet und der Schulgartenunterricht fest im Lehrplan verankert. Sinn und Zweck der Arbeit war vorrangig das Anstreben einer stark ertragsorientierten Ausrichtung des Schulgartens, die im Sinne «sozialistischer Bildungsziele» umgesetzt wurde.[7]

Die wechselhafte und immer wieder von Einbrüchen gekennzeichnete, geschichtliche Entwicklung der Schulgärten zieht sich durch bis in die heutige Zeit. Da es kaum Erhebungen und Untersuchungen zur aktuellen Anzahl und Nutzungsform von Schulgärten gibt, lassen sich nur Tendenzen feststellen: Eine Studie für Sachsen von Clemens Arndt (2002) ergibt, dass 40 Prozent aller Grundschulen und 25 Prozent aller Förderschulen über Schulgärten verfügen, wohingegen Gymnasien kaum einen solchen Lernort aufweisen. Eine weitere Studie von Konstantin Klingenberg (2005) für Niedersachsen zeigt auf, dass über 50 Prozent der Schulgärten biologisch betrieben werden und dass es sich in überwiegender Zahl um Nutzgärten, zum Teil in Kombination mit Erlebnisgärten handelt.[8]

An Waldorfschulen sieht die Situation dagegen etwas anders aus. Zwar wurde der Gartenbauunterricht nicht direkt von Rudolf Steiner mit in den Lehrplan aufgenommen, doch bereits an der ersten Waldorfschule wurde etwas später – nachdem das vorhandene Schulgelände zunächst mit Schülergruppen in gesonderten Arbeitseinsätzen bearbeitet wurde – das Fach Gartenbau als regulärer Unterricht im Frühjahr 1920 eingeführt.[9]

In diesem Zusammenhang betonte Rudolf Steiner in der Konferenz vom 6. März 1920: «Etwas anderes kommt dadurch hinein, dass wir

Gartenbauunterricht geben. Das erfordert auch eine sachverständige Kraft.»[10] Diese Aussage macht deutlich, dass es Rudolf Steiner für sehr wichtig erachtete, auch in diesem Bereich nur Menschen unterrichten zu lassen, die sich innerlich ganz mit dieser Aufgabe verbunden fühlen und entsprechendes Wissen mitbringen. Denn den Kollegen, der bis zu diesem Zeitpunkt mit den Schülerinnen und Schülern im Schulgelände tätig gewesen war, hielt er nicht für geeignet: «Es zeigt sich mir, dass er nicht genügend praktische Begabung hat, dass die Arbeiten, die er machen lässt, nicht gut sein können, weil er selbst nicht den Blick dafür hat, was exakt ist. (...) Was aber das Schwerwiegendste ist, das ist, dass er kein Herz für die Dinge aufgebracht hat, die ihm oblagen (...).»[11]

An dieser Stelle lässt sich bereits erkennen, mit welcher Intention der Gartenbauunterricht zukünftig durchgeführt werden soll. Folgende Sätze verstärken dies noch: «Es wird sich nicht darum handeln, den Kindern eine vorberufliche Ausbildung zu vermitteln, vielmehr soll versucht werden, im Zusammenhang mit dem Gesamtunterricht die Kinder in die richtige Seelenstimmung zu versetzen, Naturzusammenhänge in unserer landwirtschaftlichen Arbeit so richtig zu beurteilen. Das wird notwendig sein, um Katastrophen am Boden zu begegnen.» Und an anderer Stelle derselben Quelle: «Es ist für den Menschen für seine soziale Entwicklung von besonderer Bedeutung, bis in seine Hände hinein erlebt zu haben, dass Menschen immer auf die Arbeit anderer Menschen angewiesen sind.»[12]

Hier zeigt sich – im Vergleich zu den Schulgartenbewegungen der vorangegangenen Jahrzehnte – ein neuer pädagogischer Ansatz für die Durchführung der Schulgartenarbeit.

Auch wenn es später keine genaueren Lehrplanangaben mehr von Rudolf Steiner zum Gartenbauunterricht gab und man mit Hilfe von einzelnen Aussagen aus Konferenzen und Vorträgen versucht hat, nach und nach ein klares Bild von diesem Aufgabenbereich zu entwickeln, so hat sich der Gartenbauunterricht doch von Beginn an fest etabliert und wird an fast allen Schulen über mehrere Schuljahre hinweg unterrichtet. Aussagen Rudolf Steiners und später gewonnene praktische Erfahrungen wurden dann auch zu grundlegenden Lehrplanangaben zusammengefasst.[13]

Fast alle Waldorfschulen in Deutschland verfügen über ein mehr oder weniger großes Schulgartengelände, auf dem in tätiger Weise gärtnerische Grundlagen vermittelt und durch direkte Sinneswahrnehmungen Naturzusammenhänge erlebbar werden. Dabei liegt der Schwerpunkt des Unterrichts in der Mittelstufe und wird in den meisten Fällen durchgehend von Klassenstufe 6 bis 8, in abgewandelter Form auch noch in Klasse 9 und 10 gegeben (siehe Anhang: *Umfrage zur Situation des Gartenbauunterrichts an Waldorfschulen*).

Doch ist auch an den Waldorfschulen ein wenig von der wechselhaften Geschichte der Schulgartenentwicklung spürbar: Es war und ist ein Fachbereich, der manchmal am Rande des Schulbewusstseins steht. Der regelmäßige Austausch zwischen den Fachkolleginnen und -kollegen auf der jährlich stattfindenden internationalen Gartenbaulehrertagung bestätigt dieses Bild immer wieder. Gleichzeitig gibt es in diesem Kreis ein reges und stetes Bemühen, den Bereich der Schulgartenarbeit weiter zu stärken und voranzutreiben.

Sieht man sich derzeit in der deutschen Schullandschaft um, so stößt man zunehmend auf neu entstehende Initiativen: Projektartiges, saisonbedingtes Arbeiten auf kleinen Flächen des Schulgeländes – initiiert durch einzelne engagierte Lehrer – gibt es genauso wie fest angelegte und regelmäßig genutzte Schulgärten mit unterschiedlichsten Gestaltungs- und Nutzungsformen. Dabei variieren die Formen stark, entsprechend wie das Fach in den Schulalltag eingebunden ist und welche Klassenstufen mit welcher Stundenanzahl unterrichtet werden, sodass hierzu – aufgrund mangelnder Erhebungen – keine genauen Aussagen getroffen werden können. Das 2012 erstmals erschienene Werk von Katrin Klöckner *Schulgarten – wie geht denn das? Eine Lernwerkstatt für Klasse 2 und 3* lässt allerdings vermuten, dass häufig scheinbar eher ein projektorientierter und themenbezogener Ansatz im Vordergrund steht, als eine kontinuierliche Arbeit mit dem damit verbundenen Erleben der vielfältigen Naturzusammenhänge und Sinneseindrücke über den ganzen Jahreslauf.

## Anmerkungen

1 Winkel, Gerhard (Hrsg.): *Das Schulgarten-Handbuch*, 3. überarbeitete Auflage, Seelze 1997, Seite 9.
2 Gebauer, Michael: Der Schulgarten als Ausdruck des Verhältnisses von Mensch, Natur und Kultur. In: Pütz, Norbert/Wittkowske, Steffen (Hrsg.): *Schulgarten- und Freilandarbeit – Lernen, studieren und forschen*, Bad Heilbrunn 2012, Seite 76.
3 Winkel, Seite 4.
4 Ebd., Seite 17f.
5 Chef der Zivilverwaltung im Elsaß: *Der Schulgarten*, Karlsruhe 1942, Seite 2.
6 Winkel, Seite 22.
7 Gebauer, Seite 78.
8 Ebd., Seite 79/80.
9 Mackensen, M. von: Zum Gartenbau, In: Lange, Peter (Hrsg.): *Pädagogischer Gartenbau. Gartenbauunterricht an Rudolf-Steiner-Schulen,* Heft 1–3, Auslikon 1995, Heft 1, Seite 9.
10 Steiner, Rudolf: Konferenz vom 6. März 1920. In: Ders.: *Konferenzen mit Lehrern der Freien Waldorfschule Stuttgart 1919–1924*, Gesamtausgabe (GA) Bibl.-Nr. 300a–c, Dornach 1975, Band I, Seite 120–121.
11 Ebd.
12 Notizbuch Frl. Michels, zitiert nach: Lange, Peter (Hrsg.): *Pädagogischer Gartenbau. Gartenbauunterricht an Rudolf-Steiner-Schulen,* Heft 1–3, Auslikon 1995, Heft 1.
13 Richter, Tobias (Hrsg.): *Pädagogischer Auftrag und Unterrichtsziele einer Freien Waldorfschule*, 1. Auflage, Stuttgart 1995, Seite 339f.

## 2 Die Bedeutung von Naturerfahrungen in der heutigen Zeit

Vor allem im städtischen Umfeld wachsen heutzutage viele Kinder ohne jeglichen Bezug zu Naturzusammenhängen auf. Die Möglichkeiten fehlen, dass Kinder einfach vor die Tür treten und naturbelassene Flächen aufsuchen können, in denen sie sich frei bewegen, spielen und Entdeckungen machen können. In vielen Wohngegenden ist es nicht einmal mehr möglich, dass Kinder alleine das Haus verlassen, weil die Umgebung unter anderem durch den Straßenverkehr zu gefährlich ist oder es überhaupt keine geeigneten Aufenthaltsflächen für Kinder gibt. Auch bleibt es nur wenigen Kindern vorbehalten, mit ihren Familien gelegentlich Ausflüge in ländliche Gegenden zu unternehmen,

Freunde oder Großeltern auf dem Land zu besuchen oder Ferien auf einem Bauernhof zu verleben. Steffen Wittkowske bringt das Dilemma folgendermaßen auf den Punkt: «In diesem Zusammenhang stellt sich für immer mehr Kinder – nicht nur in den Großstädten – die Frage, wo sie Pflanzen beobachten, wo sie noch mit Tieren aufwachsen und mit Natur umgehen können.»[1]

Da zunehmend der Raum oder das Bewusstsein vieler Eltern fehlt, sich intensiv mit den eigenen Kindern zu befassen und Zeit sinnvoll gemeinsam zu gestalten, nimmt die Tendenz stark zu, dass Kinder ihre Freizeit hauptsächlich vor dem Fernseher oder Computer verbringen. So haben viele Kinder nie richtig gelernt, selbst Ideen für kreative Spiele zu entwickeln, sich draußen allein zu beschäftigen oder mit Gleichaltrigen zu spielen. Die Zeiten, in denen sich Nachbarkinder nachmittags selbstverständlich draußen treffen und mit den Materialien, die sie in der Natur vorfinden, Spiele entwickeln, sind leider sehr selten geworden.

Selbst bei Familien, die in ländlichen Gegenden leben, nimmt der direkte Kontakt zur Natur und vor allem zur Landwirtschaft stetig ab. Dadurch, dass immer mehr Landwirte ihre Betriebe aufgeben, werden Dörfer zunehmend von gepflegten Einfamilienhäusern mit kleinen Gärten geprägt, deren Bewohner täglich in die nahe gelegenen Städte zur Arbeit fahren.

Auch Landkinder kennen häufig keinen richtigen Bauernhof mehr, wo sie sehen und erleben können, wie Nutztiere großgezogen und gehalten werden oder wie Gemüse angebaut und geerntet wird. Immer weniger landwirtschaftliche Betriebe bieten die Möglichkeit, dass sich Kinder aus der Nachbarschaft in ihrer Freizeit dort aufhalten, bei der Arbeit zuschauen, mithelfen oder einfach auf einem Heuboden spielen können.

Abgesehen davon, unterliegen viele Kinder – ob nun im ländlichen oder städtischen Umfeld – immer mehr dem so genannten «Freizeitstress»: Um sie vermeintlich optimal zu fördern, sorgen die Eltern dafür, dass ihre Kinder möglichst jeden Nachmittag ausgesuchten Aktivitäten nachgehen und schon früh in Sportvereinen aktiv werden, privaten Musikunterricht oder eine gesonderte Fremdsprachenförderung erhalten. In der Schule berichten immer wieder Kinder, dass sie keine Zeit haben, sich mit Schulkameraden zu verabreden oder zu Kindergeburtstagen zu gehen, weil sie die gesamte Woche über «ausgebucht» sind.

Alle hier genannten Aspekte führen dazu, dass Kinder in zweierlei Hinsicht Defizite entwickeln. Erstens verlieren sie die Möglichkeit, das freie Spiel mit Gleichaltrigen zu erlernen, ihre Freizeit kreativ zu gestalten und Ideen aus dem zu entwickeln, was sie in Naturräumen vorfinden. Damit geht auch das ungezwungene Üben vieler motorischer Fähigkeiten wie zum Beispiel wichtiger Bewegungs- und Gleichgewichtsabläufe zurück.

Außerdem wissen viele Kinder nicht mehr, wie Kartoffeln oder Tomaten eigentlich wachsen, können gängige einheimische Bäume nicht benennen oder glauben, dass beispielsweise Erdbeeren ganzjährig bei uns gedeihen. Mit diesem mangelnden Wissen geht auch die Wahrnehmung und Wertschätzung für die Naturzusammenhänge verloren. Wie soll ein Kind Achtung und Ehrfurcht vor einem Lebensbereich entwickeln, wenn dieser völlig abstrakt bleibt? Wittkowske schreibt dazu: «Nur, wenn Kinder Kontakt zur Natur haben, werden sie diese lieben und schützen können. Unzweifelhaft hängt die Entwicklung einer solchen positiven Haltung dabei ganz entscheidend davon ab, inwieweit und wie intensiv Kinder Möglichkeiten zur Naturbegegnung haben und wie früh und kontinuierlich diese Begegnungen für sie stattfinden.»[2]

## Anmerkungen

1 Wittkowske, Steffen: Schulgartenarbeit von Anfang an – Aspekte und Möglichkeiten für Kindertagesstätten und Schulen. In: Pütz, Norbert/Wittkowske, Steffen (Hrsg.): *Schulgarten- und Freilandarbeit – Lernen, studieren und forschen*, Bad Heilbrunn 2012, Seite 49.
2 Ebd., Seite 50.

## 3 Warum Gartenbauunterricht an Schulen?

Der Aspekt der Umweltbildung hat in den letzten Jahrzehnten enorm an Bedeutung gewonnen und zu einer unüberschaubaren Anzahl an Initiativen, Projekten und Angeboten in diesem Bereich geführt. Einer der Gründe dafür ist, dass Kindern in der heutigen Lebenssituation unserer Gesellschaft neue und andere Möglichkeiten geboten werden müssen, Naturerfahrungen sammeln und sich damit adäquat auseinandersetzen zu können.

Im außerschulischen Umfeld ist der Umgang mit diesem Thema weiter entwickelt als an den meisten Schulen selbst: Es gibt zahlreiche Angebote für Kinder und Schulklassen in Umwelt- und Naturschutzzentren. Schulbiologiezentren bieten Projekte und Aktionen vor Ort an oder verleihen entsprechendes Unterrichtsmaterial. Landwirtschaftliche Betriebe kooperieren mit bestimmten Schulen und führen beispielsweise gemeinsame Ernteaktionen durch. Außerdem sind in den letzten Jahrzehnten reihenweise Bauernhof- und Waldkindergärten entstanden, die in ihrer täglichen Arbeit mit den Kindern das Naturerleben zum Schwerpunkt gemacht haben.

Spezielle Gärten zu Schulungs- und Anschauungszwecken gab es schon vor langer Zeit, doch die damit verbundenen Ziele waren sehr unterschiedlich gelagert und die Gestaltung der Gärten war der zeitgeschichtlichen Entwicklung entsprechend angepasst. Ab den 1960er Jahren verlor die Arbeit mit Kindern im Schulgarten rapide an Bedeutung und viele Gärten an staatlichen Schulen wurden abgeschafft (siehe Kapitel 1 *Die Entstehung von Schulgärten – ein geschichtlicher Überblick*). Das Erlernen gärtnerischer Grundkenntnisse tritt heute in den Hintergrund, denn die meisten Kinder werden in ihrem späteren Leben wohl kaum – beruflich oder privat – mit solchen Aufgaben konfrontiert werden. Was also ist es, was das Gärtnern wieder in das Blickfeld der Schulen rückt? Und warum konnte sich das Unterrichtsfach an Waldorfschulen über viele Jahrzehnte mit Erfolg halten und gehört an fast jeder Schule zum Fächerkanon der Mittelstufe?

Dieses Phänomen scheint sich darin zu begründen, dass die Schulgartenarbeit bei jungen Menschen Fähigkeiten herausbilden und positiv beeinflussen kann, die weit über das Erlernen gärtnerischer Grundkenntnisse hinaus gehen und besonders in unserer heutigen Zeit – in der die Möglichkeiten der direkten Naturbegegnungen und -erfahrungen stark begrenzt sind – an Bedeutung gewinnen: «Unsere Umgebung wahrnehmen können, die sinnliche Wahrnehmung des Menschen ist die Basis seiner Lernfähigkeit. Sinnliches Erleben der Natur fördert das Staunen, was in einer Erziehung zur Mitwelt von zentraler Bedeutung ist.»[1]

In diesem Zitat zeigt sich nur ein kleiner Teil dessen, was die Betätigung mit Kindern im Gärtnerischen an komplexen Zusammenhängen bezüglich der körperlichen, seelischen und geistigen Entwicklung mit sich bringen kann.

Die vielfältige Arbeit im gärtnerischen Bereich fördert – neben der Schärfung der Sinneswahrnehmung – viele Fähigkeiten: Grob- und feinmotorische Abläufe, die mit jeder Arbeit einhergehen, werden geschult und häufig sind Ausdauer und Anstrengung vonnöten, um Aufgaben umzusetzen und fertig zu stellen. Das heißt, die Kinder werden mit dem Thema «Überwindung» konfrontiert, besonders in den Momenten, wo eine Arbeit keine Freude bringt, langweilig erscheint, körperliche Reserven fordert oder mit Ekel verbunden ist. Des Weiteren erfordert jede Form von Tätigsein in einem Garten die Entwicklung von Verantwortungsbewusstsein, wozu Birkenbeil in *Vom Schatz im Acker* treffend feststellt: «Er bietet viele Chancen, die Schlüsselkompetenz ‹Verantwortung übernehmen› zu erwerben und für sich und andere, wozu auch die Pflanzen und Tiere als unsere Mitgeschöpfe zählen, nutzbar zu machen.»[2]

Spätestens an dieser Stelle wird deutlich, dass für die Entwicklung der bisher benannten Fähigkeiten vor allem Zeit und eine längere, kontinuierliche Arbeit benötigt wird. Einmalige oder zeitlich stark beschränkte Projekte an außerschulischen Lernorten sowie landwirtschaftliche oder gärtnerische Aktionen können helfen, das Interesse von Kindern für Naturzusammenhänge oder Umweltproblematiken zu wecken und das Bewusstsein dafür zu schulen. Doch der regelmäßige Unterricht im Schulgarten mit seinen sich wiederholenden Tätigkeiten und Abläufen verlangt den Schülerinnen und Schülern stetes Üben vieler Grundfähigkeiten ab, die weit über das Herausbilden eines «ökologischen Bewusstseins» hinaus gehen und helfen können, Situationen auf dem späteren Lebensweg erfolgreich zu meistern: «Die Voraussetzungen für ein erfolgreiches Gärtnern, wie beispielsweise wache Sinne, genaues Hinsehen und -hören, behutsames Gestalten, überlegtes Eingreifen, Achtung und Ehrfurcht vor dem, was mit uns ist und was wir nicht geschaffen haben, sind auch auf andere Lebens- und Erziehungsbereiche übertragbar.»[3]

Aus einem anderen Blickwinkel betrachtet, ergibt sich ein weiterer – im Vergleich zu anderen Unterrichtsfächern – sehr besonderer und positiver Aspekt der Schulgartenarbeit:

«Eine solche Miniatur (Schulgarten) besteht in einem Abschnitt der Wirklichkeit, weist das Merkmal der Ganzheit, des Systems auf und enthält hoch komprimiert auf diese Weise eine Vielzahl an Zusammenhängen der Wirklichkeit. Zugleich ist sie überschaubar und konkret.»[4] Hier wird auf die heute allgemein anerkannte Erkenntnis Bezug genommen, dass Kinder Lerninhalte besser und intensiver aufnehmen, wenn diese einen realen Bezug haben und die Kinder innerlich daran anknüpfen können. Rudolf Steiner bemerkt dazu: «Versäumen Sie es schon am Anfang nicht, indem Sie dem Kinde den Zusammenhang zwischen dem Ackerbau und dem menschlichen Leben beibringen (...). (...) Dadurch wird das Kind geschickt, und dadurch wird das Kind geeignet gemacht, sich später in der richtigen Weise ins Leben hineinzustellen. (...) Denn wichtiger als die Geschicklichkeit, ist die seelische Verbindung zwischen dem Leben des Kindes und dem Leben in der Welt.»[5]

Bei genauerer Betrachtung finden sich viele Gründe, die den Schulgarten zu einem ganz besonderen Lernort machen und ihm mit seinen – scheinbar unendlichen – Gestaltungsmöglichkeiten eine ganz besondere Rolle im Lern- und Entwicklungsbereich zukommen lassen! Eine intensive Auseinandersetzung mit diesen Möglichkeiten und daraus folgenden Zielen bildet die Basis für einen erfolgreichen Unterricht im Schulgarten!

## Anmerkungen

1 Wittkowske, Steffen: Schulgartenarbeit von Anfang an – Aspekte und Möglichkeiten für Kindertagesstätten und Schulen. In: Pütz, Norbert/Wittkowske, Steffen (Hrsg.): *Schulgarten- und Freilandarbeit – Lernen, studieren und forschen*, Bad Heilbrunn 2012, Seite 44.

2 Birkenbeil, Helmut: Vorwort. In: Kaiser, Christoph (Hrsg.): *Vom Schatz im Acker: Schulgarten, Landwirtschaft, Ökologie. Naturerziehung an den Waldorfschulen Tübingen und Heidelberg*, Tübingen 2003, Seite 2.

3 Ebd.

4 Giest, Hartmut: Kategoriale Bildung im Schulgarten – komplexe Lerngegenstände im fächerübergreifenden Unterricht. In: Pütz, Norbert/Wittkowske, Steffen (Hrsg.): *Schulgarten- und Freilandarbeit – Lernen, studieren und forschen*, Bad Heilbrunn 2012, Seite 21.

5 Steiner, Rudolf: Elfter Vortrag, Stuttgart 2. September 1919. In: Ders. *Erziehungskunst. Methodisch-Didaktisches.* Vierzehn Vorträge, gehalten in Stuttgart vom 21. August bis 5. September und Schlußworte vom 6. September 1919 anläßlich der Gründung der Freien Waldorfschule, GA 294, 6. Auflage, Dornach1990, Seite 157.

# 4 Die Bedeutung des Gartenbauunterrichts in der Mittelstufe unter Beachtung menschenkundlicher Aspekte

In den vorangegangenen Kapiteln wurde dargestellt, warum Gartenbauunterricht an Schulen so wertvoll für die Ausbildung vieler Fähigkeiten und die Entwicklung von Kindern im Allgemeinen ist. Nun stellt sich die Situation des Gartenbauunterrichts an Waldorfschulen in besonderer Weise dar, denn er wird bewusst in die Zeit der Mittelstufe gelegt. Es gibt einzelne Schulen, die andere Konzepte verfolgen oder schon früher mit gärtnerischen und landwirtschaftlichen Tätigkeiten beginnen (gemeint ist damit nicht die regulär stattfindende

Ackerbauepoche). Setzt man sich jedoch intensiver mit der körperlichen, seelischen und geistigen Entwicklung von Mittelstufenschülerinnen und -schülern auseinander, so wird deutlich, warum bereits durch Rudolf Steiner die gärtnerische Betätigung bevorzugt für diese Altersgruppen empfohlen wurde. Im Lehrplan der Waldorfschulen wird dies deutlich formuliert: «Da der Gartenbauunterricht mit der beginnenden Pubertätszeit einsetzt, wird seine Aufgabe und Herausforderung als pädagogische Hilfe deutlich. (...) In dieser Zeit braucht der junge Mensch Halt und Orientierungshilfe. Von besonderer Bedeutung ist hier die tätige Begegnung mit Arbeitsbereichen der Natur. Der Erzieher wird zum sachkundigen Mittler und Vermittler von Naturprozessen und –zusammenhängen.»[1] An anderer Stelle heißt es: «Der Gartenbauunterricht gibt den Jugendlichen die Möglichkeit, zu einem realen Verständnis der Naturzusammenhänge zu kommen.»

Erst ab der Mittelstufe ist es entwicklungsgemäß möglich, den Gartenbauunterricht mit diesem Ansatz zu betreiben, denn in den ersten Schuljahren haben die Kinder noch ein ganz inniges, tief verbundenes Verhältnis zu ihrer Umgebung: «Kinder im Kindergartenalter, nicht selten bis hin zum Alter von neun oder zehn Jahren, nehmen ihre Umwelt als beseelt und belebt wahr.»[2] Somit sind sie noch gar nicht in der Lage, bewusst eingreifend und gestaltend tätig zu werden und sich Naturzusammenhängen sowie Arbeitsabläufen objektiv-betrachtend zuzuwenden. Abgesehen davon, lässt auch die körperliche Entwicklung erst ab der Mittelstufe eine ernsthafte Arbeit im Garten zu. Dies bedeutet natürlich nicht, dass nicht schon für jüngere Kinder Naturerlebnisse und kleine gärtnerische Tätigkeiten sehr wertvolle Erfahrungen darstellen können. Dies sollte jedoch mit einem spielerischen Ansatz erfolgen und das Erleben der «Schönheit der Natur» sollte dabei im Vordergrund stehen.

Es ist notwendig, die einzelnen Jahrgänge der Mittelstufe genauer zu betrachten. Denn selbstverständlich geschehen in diesen Jahren große Schritte in der Entwicklung der Kinder, welche eine differenzierte pädagogische Vorgehensweise erfordern. Genauso wie sich der Unterrichtsstoff in anderen Fächern von Jahr zu Jahr weiter entwickelt, müssen auch im Gartenbauunterricht die einzelnen Aufgaben altersgemäß ausgewählt und vermittelt werden. Jede Lehrkraft wird zustimmen, dass eine 5. Klasse eine andere Aufbereitung der Unterrichtsstunden und andere Aufgabenstellungen benötigt als beispielsweise eine 8. Klasse. Das Wunderbare dabei ist, dass der Unterricht im Schulgarten unzählbare Möglichkeiten der Gestaltung mit sich bringt und dadurch besonders gezielt auf die Ansprüche der verschiedenen Altersstufen eingehen kann. In den nachfolgenden Kapitelabschnitten soll eine differenziertere Auseinandersetzung mit der menschenkundlichen Entwicklung der Kinder und der sich daraus ergebenden Unterrichtsgestaltung erfolgen, denn eine intensive und bewusste

Auseinandersetzung mit den Grundlagen bildet die notwendige Basis eines altersgemäßen und lebendig gestalteten Unterrichts.

## 4.1 Klasse 5

Mit dem Eintritt in die Mittelstufe ist «Halbzeit» der Klassenlehrerzeit. Diese Klassenstufe ist geprägt von einer gewissen Harmonie – was sowohl die körperliche als auch seelische Verfassung der Kinder betrifft: So haben sie bereits mit dem «Überschreiten des Rubikon» den Schritt vollzogen, ein neues, verändertes Verhältnis zu ihrer Umgebung und ihren Mitmenschen zu entwickeln und erstmals eine bewusste Trennung zwischen sich und der «Welt» zu erleben. Die von «Umbrüchen» geprägte Zeit der Pubertät zeigt noch keine Einflüsse auf ihr Verhalten. In diesem Alter erreichen die Kinder in der Regel ein ausgeglichenes Verhältnis des Atem-Puls-Rhythmus von 1:4 und die Atemtiefe nimmt zu. Der Kopf, Rumpf und die Gliedmaßen befinden sich in einem harmonischen Verhältnis zueinander und Bewegungen fallen leicht, denn die körperliche Schwere und das Längenwachstum der bevorstehenden Pubertätszeit sind noch nicht spürbar. Diese Altersphase ist geprägt von einer Ausgewogenheit der Kinder in ihrem seelischen Befinden und ihrem Auftreten gegenüber der Umgebung. Sie sind meist begierig zu lernen, mit Begeisterung und Tatkraft bei der Sache und wollen Neues erfahren und gefordert werden. Erstmals tauchen bewusst Fragen nach dem *Warum* auf. In diesem Schuljahr kommt neu die Beschäftigung mit der Pflanzenkunde zum Epochenplan hinzu.

Einige Schulen beginnen den Gartenbauunterricht in dieser Klassenstufe – entweder zu Beginn des Schuljahres oder im Frühjahr mit der Gartensaison. Meiner Meinung nach bietet es sich ausgesprochen gut an, im Frühling mit dem Unterricht zu beginnen, auch wenn Rudolf

Erste Saaten einer 5. Klasse auf Gruppenbeeten.

Steiner seinerzeit den Beginn des Gartenbaus für die 6. Klasse empfohlen hat. Erstens macht es sowohl für den Garten als auch pädagogisch deutlich mehr Sinn, mit dem Jahreslauf zu gehen und eine Klasse von Beginn an die Arbeiten im Garten in der «richtigen» Abfolge tun und erleben zu lassen. Zweitens kommen einem positiven Einstieg in den Gartenbauunterricht als neuem Fach die – dieser Altersstufe entsprechende – Tatkraft, Neugierde und Offenheit neuen Dingen gegenüber sehr entgegen. Meine Erfahrungen der letzten Jahre haben gezeigt, dass die Kinder Ende der 5. Klasse schnell und leicht für das neue Unterrichtsfach zu begeistern sind, mit viel Freude und Engagement bei der Gartenarbeit anpacken und in manchen Situationen kaum zu bremsen sind: Sie wollen ihre Sache gut machen! Schmutz und Anstrengung werden dabei noch nicht als störend wahrgenommen, im Gegensatz zu den folgenden Schuljahren, wo diese zunehmend in den

Fordergrund rücken. Gelingt zu diesem Zeitpunkt ein guter Einstieg in das neue Fach, so tragen die jetzt angelegten Gewohnheiten, Regeln und erübten Arbeitsabläufe bis weit in die Mittelstufenzeit hinein.

In dieser Altersstufe kann mit einfachen gärtnerischen Aufgaben begonnen werden. Anders als in der Unterstufe, wo gärtnerische Tätigkeiten in «spielerischer Form» in den Unterricht einfließen können (Aussaat von Sonnenblumen in Töpfen, Anzucht von Kresse auf der Fensterbank etc.), steht nun das «richtige» Gärtnern mit dem Kennenlernen von typischen Geräten, erster leichter Bodenbearbeitung und einfachen Aussaaten im Vordergrund des Unterrichts. Einerseits sollte der «Schaffensdrang» der Kinder durch die ausgewählten Arbeiten «gestillt» werden können, andererseits muss darauf geachtet werden, dass die Betätigungen die Kinder nicht körperlich überfordern oder die Abläufe zu komplex aufgebaut sind. Ganz wichtig ist, dass der Unterricht Raum lässt für die Sinneswahrnehmungen der Kinder: In den ersten Monaten sollen sie den Garten in Ruhe «entdecken» können, die verschiedenen Pflanzen in ihrer Wuchsform und Entwicklung wahrnehmen, Schmetterlinge bewundern, an Kräutern riechen, Gemüse probieren oder Würmer beobachten. Das «Erleben» des Gartens mit seinen Naturzusammenhängen und Arbeiten steht ganz klar im Vordergrund in dieser Altersstufe; es geht noch nicht darum, eine vertiefende Wissensvermittlung zu betreiben! So kann aber die Basis geschaffen werden, um sich in den nachfolgenden Jahren mit einzelnen Arbeitsfeldern und Naturphänomenen genauer und intensiver zu befassen.

## 4.2 Klasse 6

Im Laufe dieses Schuljahres beginnen die ersten Merkmale der Vorpubertät spürbar zu werden. Die Schülerinnen und Schüler ziehen sich



Eine Sechstklässlerin arbeitet an ihrem Beet. ▻

merklich von ihren erwachsenen Vertrauenspersonen (Eltern/Lehrer) zurück und teilen nicht mehr alle Gefühle, Gedanken und Erlebnisse mit ihnen. In der Klassengemeinschaft zeigen sich erste «Grüppchenbildungen» und «Geheimnisse» werden ausgetauscht. Die Kinder beginnen, Kritik deutlich kund zu tun und Entscheidungen zu hinterfragen. Die Mädchen fangen an, bewusster auf ihre Erscheinungsform zu achten und kokettieren gerne. Außerdem werden erste körperliche Veränderungen sichtbar und das beginnende Längenwachstum führt zunehmend zu einem schlaksigen Erscheinungsbild.

In diesem Alter setzt die Möglichkeit des kausalen Denkens ein: Erstmals können Ursache und Wirkung gedanklich in Verbindung gebracht werden. Rudolf Steiner bemerkt dazu: «Den Kausalitätsbegriff hat das Kind bis gegen das 12. Jahr hin überhaupt nicht. (...) Da erst können wir darauf rechnen, dass das Kind die gemeiniglichen Zusammenhänge zwischen Ursachen und Wirkungen ins Auge fassen kann. Von da an fängt das Kind eigentlich erst an, sich Gedanken zu machen, bis dahin hat es Bildvorstellungen.»[3] Dies wird im Lehrplan dadurch aufgegriffen, dass nun naturwissenschaftliche Aspekte in den Unterricht hineinkommen und das genaue Beobachten und Beschreiben von Phänomenen geübt wird. Der Blick wird thematisch zunehmend in die Außenwelt gerichtet.

Im Schulgarten sind die Schülerinnen und Schüler vorwiegend mit Tatkraft und Interesse bei der Sache. Sie packen kräftig mit an und sind schließlich stolz auf «ihre» Ernte: Mit Feuereifer ziehen sie Möhren aus dem Boden, suchen mit Ausdauer nach Kartoffeln oder pflücken mit der notwendigen Vorsicht Tomaten (entweder bei der ersten eigenen Ernte im Herbst, wenn in der 5. Klasse begonnen wurde, oder zum Ende der 6. Klasse/Anfang 7. Klasse). Alle grundlegenden Gartenarbeiten (Bodenbearbeitung, Anlegen und Pflege von Beeten, Aussaaten etc.) werden nun erlernt und durchgeführt. Dies geschieht zu Beginn gemeinsam, kann nach und nach aber auch in differenzierterer

Weise erfolgen – besonders, wenn bereits in der 5. Klasse mit dem Unterricht begonnen wurde. Weiterhin steht das Kennenlernen und Erleben des Gartens mit seiner Vielfalt und seinen Besonderheiten im Vordergrund. Wichtig ist in diesem Jahr, dass die Aufgabenbereiche so gewählt und vermittelt werden, dass die Schülerinnen und Schüler auf einfache Weise den Sinn darin erkennen können: Das «kausale Prinzip» kann überall im Garten erlebt werden! So wird schnell sichtbar, dass eine sorgfältige Saat und Pflege direkte Auswirkungen auf die Ernteergebnisse hat! Auch ist es wichtig für die Schülerinnen und Schüler zu erfahren, dass die Pflege des Gartens in der Wichtigkeit über den eigenen Bedürfnissen steht und somit das eigene Handeln Konsequenzen nach sich zieht – nicht nur bezogen auf die langfristige «Gesundheit» des Bodens und der Pflanzen, sondern auch auf die eigenen kleinen Wünsche in den Unterrichtsstunden: Wurden die anstehenden Aufgaben zuverlässig erledigt, können besonders beliebte «Aufgaben» folgen, wie zum Beispiel das Beisammensitzen mit Kräutertee aus dem Garten oder die Verköstigung selbst geernteter Früchte.

In dieser Altersstufe ist zu bemerken, dass Regeln nun nach und nach hinterfragt und ausgetestet werden. Auch hier kommt es darauf an, dass ihnen eine verständliche und nachvollziehbare Logik zugrunde liegt. Die Zeit, in der die Lehrperson als «Autorität an sich» anerkannt wird, geht zu Ende. Doch haben Regeln und Anweisungen einen Sinn: Können sie akzeptiert werden, tragen sie auch durch die nächsten Schuljahre, in denen sich das Phänomen des «Austestens und der Wille zur Diskussion» weiter verstärkt. Jede Schülerin und jeder Schüler versteht aber sofort, dass beispielsweise eine Grabegabel mit den Zinken nach unten getragen werden sollte, damit keine anderen Menschen damit verletzt werden.

## 4.3 Klasse 7

Im Laufe des 7. Schuljahres geht die Entwicklung der Schülerinnen und Schüler spürbar von der Kindheit in das Jugendalter über. Tendenzen, die sich im vorangegangenen Jahr erstmals «zart» bemerkbar gemacht haben, treten jetzt deutlich in den Vordergrund: Das Bedürfnis zu argumentieren, zu diskutieren, die Meinung zu vertreten und jede Handlung hinterfragen zu müssen, begleiten den schulischen Alltag. Es entwickelt sich zunehmend die seelisch-geistige Möglichkeit, «Verstandes-Urteile» bilden zu können, wobei die Urteilsfähigkeit noch sehr stark vom subjektiven Empfinden beeinflusst wird. Die «seelische Innerlichkeit» der bisherigen Kindheit weicht einer Darstellung der Gefühle nach außen. Emotionale Schwankungen werden für Mitmenschen deutlich spürbar zum Ausdruck gebracht und bestimmen häufig die Entscheidungen der Jugendlichen: Situationen, Aufgaben und Menschen werden – im übertragenen Sinne – nach «Lust» und «Unlust» beurteilt. Körperlich stehen Längenwachstum und Ausbildung der äußeren Geschlechtsmerkmale im Vordergrund.

Im Lehrplan wird auf diese Entwicklung eingegangen, indem der naturwissenschaftliche Unterricht weiter ausgebaut und vertieft wird. Das kausale Denken und das Fällen objektiver Urteile werden in diesem Zusammenhang immer wieder erübt.

Im Gartenbauunterricht werden in diesem Schuljahr nach und nach Veränderungen im Verhalten und der Mitarbeit der Schülerinnen und Schüler spürbar. Die Begeisterung und das Engagement der vorherigen Jahre weichen zunehmend der Haltung, dass fast alle Arbeiten im Garten zu anstrengend und eigentlich «unzumutbar» sind. Es wird nun immer wieder bei der Aufgabenverteilung versucht, kräftig zu argumentieren, zu diskutieren und zu «verhandeln»: Kann das nicht jemand anders übernehmen? Muss das heute wirklich sein? Reicht es

Eine Siebtklässlerin erntet hingebungsvoll Blumen und Kräuter von ihrem Beet.

nicht, wenn nur die Hälfte gemacht wird und eine andere Gruppe den Rest erledigt? Fruchten diese Argumente nicht, wird das nächste «Register» gezogen: Ich habe das aber schon mal gemacht – Schüler X noch nie! Oder: Wenn wir schnell sind, können wir dann noch was zusammen essen oder früher Schluss machen? Diese «Diskutierfreudigkeit» bezieht sich einerseits tatsächlich auf die angeführten Punkte, andererseits steht oft auch das Ziel dahinter, möglichst viel Zeit zu «schinden», um weniger arbeiten zu müssen.

Bei der Durchführung verschiedener Aufgaben im Gartenbauunterricht wird sichtbar, dass Genauigkeit und Sorgfalt spürbar abnehmen. Hauptsache, die ungeliebte Arbeit ist schnell erledigt! So werden beispielsweise Saatrillen nach «Augenmaß» gezogen, Saattiefen nicht kontrolliert und die Abstände beim Legen der Samenkörner nicht so genau genommen. Wenn die Lehrkraft gerade nicht hinschaut, werden

Zweige auch mal wo anders hingekippt und nicht zum dafür bestimmten Sammelplatz gefahren oder beim Jäten wird einfach Erde über der entsprechenden Stelle verteilt, in der Hoffnung, dass man es nicht bemerkt. Auch werden Gerätschaften häufig nach getaner Arbeit nicht sauber und ordentlich zurück an ihren Platz geräumt. Gleichzeitig nehmen das Ablenkungspotenzial und die «Plauderlust» der Schülerinnen und Schüler stark zu.

Wichtig ist in dieser Klassenstufe, dass die Lehrkraft dieses neue, meist anstrengende Verhalten als notwendige Phase der Entwicklung annehmen kann und nicht persönlich nimmt! Sachliches Verhalten, gepaart mit einer gesunden Portion «Sturheit», Klarheit, Durchhaltevermögen und ein geradliniges Auftreten, ist dasjenige, was die angehenden Jugendlichen jetzt für die entwicklungsbedingte Auseinandersetzung benötigen. Nur so können sie erleben und lernen, mit Grenzen umzugehen und diese zu akzeptieren. Dabei darf ein humorvoller Umgang mit der Situation seitens der Lehrkraft auf keinen Fall fehlen! Ist ausreichend Humor mit im Spiel, fällt es den Schülerinnen und Schülern deutlich leichter, sich weiterhin auf die Anweisungen der Lehrerin oder des Lehrers und gestellte Aufgaben einzulassen. Sie können dann einfacher ein neues, von Akzeptanz geprägtes Verhältnis zur Lehrkraft aufbauen.

Thematisch kommt es in diesem Schuljahr darauf an, bei allen Aufgaben Kontinuität, Ausdauer und vor allem Sorgfalt sowie Genauigkeit bei der Umsetzung hervorzuheben und bewusst einzufordern. Präzise umrissene Aufgabenstellungen mit klar abgesteckten Vorgaben und Zielen sollten immer wieder daran erinnern, dass es wichtig ist, *wie* man eine Sache macht. Der Garten ist dabei eine große Hilfe, denn er ist sozusagen selbst der «Lehrmeister». Dadurch, dass jede gärtnerische Handlung direkte, sichtbare Konsequenzen nach sich zieht, wird auf wohltuende und authentische Weise den Schülerinnen und Schülern genau das abverlangt, was sie in diesem Alter benötigen:

Dieses neue Gartentor wurde von Zweitklässlern ohne große Hilfestellung gebaut.

die sachliche Konfrontation mit den kausalen Zusammenhangen des eigenen Verhaltens und Handelns anhand der Natur.

## 4.4 Klasse 8

Nun befinden sich die jungen Menschen mitten in der Phase der Pubertät und – menschenkundlich gesehen – auf dem Wege, die «Erdenreife» zu erlangen. Diese Zeit ist für die Jugendlichen von dem Gefühl geprägt, sich nun ganz allein neuen und unbekannten Situationen und Phänomenen stellen und den eigenen «Platz in der Welt» erst finden zu müssen. Das Gefühl des Alleinseins tritt in den Vordergrund und führt dazu, dass sich viele Schülerinnen und Schüler in dieser Phase zurückziehen und verschließen. Wurden die Lehrkräfte

bisher noch als «Autorität» anerkannt, so ist diese Zeit nun endgültig vorbei: Sie müssen über die Ausstrahlung von Fachkompetenz sowie einen humorvollen, respektvollen und sachlichen Umgang mit den Jugendlichen ihre Anerkennung neu erringen.

In den verschiedenen Unterrichtsfächern wird auf dieses Verhalten mit Themen und Aufgaben geantwortet, die den Blick weglenken von der eigenen Person und Befindlichkeit hin zu einem erwachenden Weltinteresse: Die Auseinandersetzung mit Biografien bekannter



Fotos S. 42-44: Kochen in «Team- und Einzelarbeit» in Klasse 8.

VERYTHIN
HAPPENS
OR A

Persönlichkeiten beispielsweise zeigt den Jugendlichen unter anderem, dass Lebenswege stets sehr individuell und häufig mit vielen schwierigen Situationen und Hindernissen verbunden sind. So können sie erleben, dass sie mit der «Suche nach ihrem persönlichen Weg» nicht allein in der Welt stehen. Die Jahresarbeit erfordert erstmals eine intensive, sehr individuelle und eigenständige Auseinandersetzung mit einem selbst gewählten Thema und lässt die Jugendlichen exemplarisch erleben, wie der «eigene Weg» gefunden und gegangen werden kann. Das Klassenspiel erfordert hingegen ein «Hineinversetzen» in andere Rollen und Menschen und lässt die eigenen Vorstellungen, Wünsche und Verhaltensweisen in ein Verhältnis dazu treten.

Im Gartenbauunterricht wird mit Beginn der 8. Klasse ebenfalls das unausgesprochene Verlangen der Schülerinnen und Schüler spürbar, anders angesprochen, ernst genommen und erwachsen behandelt zu werden – auch wenn ihr eigenes Verhalten diesen Ansprüchen noch nicht immer entspricht. Es wird deutlich zum Ausdruck gebracht, dass aus den Vorjahren bekannte, sich wiederholende pflegerische Gartentätigkeiten nicht mehr ausreichen, um die Jugendlichen zu einer interessierten und motivierten Mitarbeit zu bewegen. Diesem Entwicklungsschritt muss mit neuen Aufgaben Rechnung getragen werden: Mehr Eigenständigkeit, Verantwortung sowie die Möglichkeit der Mitgestaltung sollten jetzt der Ausgangspunkt für die Jugendlichen im Unterricht sein. Bestimmte Themenbereiche können nun auch durch theoretische Gesichtspunkte ergänzt werden (wie zum Beispiel Fruchtfolgen oder verschiedene Bodentypen). An Schulen, an denen in diesem Schuljahr keine neuen Schwerpunkte im Gartenbauunterricht gesetzt werden, sondern mehr oder weniger eine Wiederholung der Aufgaben aus den vorangegangenen Schuljahren erfolgt, wird das Fach plötzlich sehr unbeliebt und die Jugendlichen neigen dazu, sich dann den Arbeitsanweisungen der Lehrkraft zu entziehen oder den Unterricht sogar massiv zu stören.

In dieser Altersstufe bietet es sich an, die Aufgaben individueller zu gestalten und, nach Interessenlage der Schülerinnen und Schüler, unterschiedliche Arbeiten anzubieten. Dabei werden die Betätigungsfelder – sowohl von den körperlichen als auch von den intellektuellen Anforderungen – in ihren Abläufen komplexer und sollten die volle Aufmerksamkeit fordern. Ob Bauprojekte, die Veredelung von Ernteprodukten oder die Herstellung von Salben und Tinkturen – Eigenständigkeit, Genauigkeit und Mit- bzw. Vorausdenken sind jetzt verstärkt gefragt. Dabei ist es hilfreich, wenn die Gruppe in Kleingruppen oder Teams aufgeteilt wird, um die Einzelnen mehr in die Verantwortung zu nehmen.

## 4.5 Klasse 9 – Landwirtschaftspraktikum

In der 9. Klasse steht an der Waldorfschule mit dem Eintritt in die Oberstufe ein neuer Schulabschnitt für die Jugendlichen an. Diese Entwicklungsphase ist geprägt von den zunehmend erwachenden Bewusstseinskräften. In diesem Zusammenhang tauchen verstärkt Fragen zu Lebensvorgängen und –zusammenhängen auf: Die eigene Beziehung zu Erde, Mensch, Tier und Pflanze wird nun kritisch beleuchtet, soziale Verhältnisse und gesellschaftliche Strukturen sowie die industriell-technischen «Errungenschaften» werden hinterfragt und führen zu neuen Lebensfragen.[4]

Zum Ende der 8. Klasse wird der Unterricht im Schulgarten zum Abschluss gebracht, und mit dem Praktikum auf einem landwirtschaftlichen Betrieb weitet sich nun der Blick für die größeren Zusammenhänge und realen Verhältnisse von Arbeit, Lebensweise, Lebensmittelproduktion und Naturprozessen, in die der Mensch – direkt oder indirekt – eingebunden ist. Die Arbeit auf einem Bauernhof ermöglicht es den Jugendlichen, durch praktische Tätigkeit und damit verbundene eigene Erfahrungen direkte Fragen zu eminenten Lebenszusammenhängen zu entwickeln und diese kritisch zu hinterfragen: Themen wie beispielsweise der notwendige Arbeitsaufwand im Verhältnis zum «Wert» von Grundnahrungsmitteln, die Entlohnung von Arbeitskräften, die Qualität von Nahrungsmitteln und damit verbundene Erzeugungspraktiken (ökologische bzw. konventionelle Bewirtschaftung) oder die Haltung und Schlachtung von Tieren zur Fleischproduktion rücken plötzlich in den Vordergrund. Sie bilden



Drei zufriedene Schülerinnen beim Besuch der Lehrkräfte während des Praktikums. ▻

eine erste Grundlage für die weitere Auseinandersetzung mit gesellschaftskritischen Themen und dem Entwickeln einer eigenen Haltung in den kommenden Jahren der Oberstufe.

Das landwirtschaftliche Praktikum (häufig auch Landbaupraktikum genannt) wird an den Waldorfschulen hauptsächlich in zwei unterschiedlichen Formen durchgeführt: Es hat eine Dauer von 2 bis 4 Wochen und erfolgt entweder mit der ganzen Klasse gemeinsam auf einem größeren Betrieb oder die Schülerinnen und Schüler werden allein oder zu zweit auf verschiedene Betriebe geschickt. Befragt man Schulen nach ihren Erfahrungen mit diesen Formen der Durchführung, so wird man sowohl Befürworter als auch Gegner für beide gleichermaßen finden. Denn beide Organisationsformen haben Vor- und Nachteile.

Wird das landwirtschaftliche Praktikum mit einer ganzen Klasse gemeinsam auf einem Betrieb abgehalten, so hat dies einen stark prägenden Charakter für die soziale Struktur der Klassengemeinschaft. Alte, über Jahre eingespielte Strukturen brechen zu diesem Zeitpunkt häufig auf und Freundschaften ordnen sich noch einmal neu. Die intensive Praktikumszeit, in der die Klassengemeinschaft ihre einzelnen Mitglieder ganz anders wahrnehmen kann als im Schulalltag, hat in der Regel positive Auswirkungen auf diesen Prozess. Außerdem haben die neuen Klassenbetreuer, die fast immer das Praktikum begleiten, in dieser Zeit die Möglichkeit, eine Beziehung zu der Klasse aufzubauen und die einzelnen Schülerinnen und Schüler besser kennenzulernen.

Fährt eine Klassengemeinschaft gemeinsam auf einen Betrieb, so muss dieser entsprechend darauf eingestellt sein und nicht nur ausreichend Schlafplatz zur Verfügung stellen, sondern vor allem vielfältige und gut betreute Arbeitsbereiche anbieten können. In der Regel werden die Schülerinnen und Schüler während des Praktikums in kleinere Gruppen eingeteilt, die an unterschiedlichen Stellen eingesetzt werden und in zeitlichen Abständen das Arbeitsfeld wechseln, sodass sie bis zum Ende des Praktikums alle Betätigungsfelder durchlaufen (zum Beispiel: Stall und Tierpflege, Gemüseanbau, Bäckerei, Käserei, Hauswirtschaft, Forstarbeit etc.). Auf vielen Betrieben wird die tägliche Arbeit durch theoretische Unterrichtsstunden ergänzt, in denen der Landwirt, Mitarbeiter oder Lehrlinge bestimmte landwirtschaftliche Themen mit den Schülerinnen und Schülern vertiefend behandeln.

Diese Form des Praktikums birgt die Gefahr, dass entwicklungs- bzw. altersbedingte und soziale Dynamiken innerhalb der Klassengemeinschaft das Engagement und Arbeitsverhalten einzelner Schülerinnen und Schüler negativ beeinflussen, das heißt, in manchen Situationen fällt es einzelnen schwer, sich vor den Freundinnen und Freunden ernsthaft und unvoreingenommen auf die neue Situation und die fremden Aufgaben einzulassen und engagiert mit anzupacken – besonders wenn Arbeiten mit Schmutz, Anstrengung oder unangenehmen Gerüchen verbunden sind! Deshalb ist es ungemein wichtig, dass eine intensive, persönliche und fachkompetente Betreuung gewährleistet wird und die Schülerinnen und Schüler das Gefühl vermittelt bekommen, dass jede helfende Hand von Bedeutung ist! Bekommen die Klassen nur durchgehend und ohne große Abwechslung «einfache Hilfsarbeiten» zugewiesen – zum Beispiel die ganze Zeit Knicks zu schneiden – fühlen sie sich ausgenutzt, überflüssig oder und in ihren Fähigkeiten nicht ausreichend wahrgenommen. Sie werden schnell das Interesse verlieren und sich nicht mehr mit dem gewünschten Engagement einbringen. Dadurch kann die Praktikumszeit zu einer mühsamen und «merkwürdigen» Art von Klassenreise werden, welche im Nachhinein nicht zu der gewünschten ernsthaften und kritischen Auseinandersetzung mit diesem Lebens- und Arbeitsbereich sowie den damit verbundenen allgemeinen Lebensfragen wird. Abgesehen davon, spielt in Gruppen dieses Alters das Ausprobieren und Konsumieren von Alkohol, Zigaretten oder anderen Drogen eine zunehmende Rolle. Das macht die Praktikumszeit für die betreuenden Personen zu keiner leichten Aufgabe, da sie dadurch gezwungen sind, die Schülerinnen und Schüler auch in der Freizeit regelmäßig zu kontrollieren.

Werden die Jugendlichen für das Praktikum allein oder zu zweit auf landwirtschaftliche Betriebe geschickt, liegt der pädagogische Schwerpunkt mehr an anderer Stelle. In diesem Fall wird es oft als Vorteil erlebt, dass die Schülerinnen und Schüler einmal eine Zeit lang aus dem Klassenverband heraus kommen – also unabhängig von ihrer «eingespielten» Rolle in der Gruppe – und sich ganz unbefangen geben und entwickeln können. Gleichzeitig erfordert es natürlich mehr Mut, sich ohne den Schutz der bekannten Gruppe auf die neue Situation einzulassen. Meistens haben der erste Kontakt zum Betrieb sowie die Anreise eigenständig zu erfolgen, sodass das Thema «Selbstständigkeit» deutlich stärker im Vordergrund steht! Während der Praktikumszeit werden die Jugendlichen viel stärker auf sich selbst zurückgeworfen als in der Gruppe und sind darauf angewiesen, einen engeren Kontakt zu den Menschen auf dem Betrieb herzustellen und sich für die Lebens- und Arbeitsabläufe zu öffnen. Dadurch werden die Jugendlichen auch auf «übergeordneter» Ebene in Fähigkeiten geschult, die – ganz besonders in der heutigen Zeit – für den weiteren Lebensweg von großer Bedeutung sind: Selbstüberwindung, Mut, Eigeninitiative, Eigenständigkeit, Engagement und Durchhaltevermögen! Diese Form des Praktikums zeigt, dass die Mehrheit der Jugendlichen – trotz großer Bedenken und ablehnender Haltung im Vorfeld – intensiv ins Praktikum einsteigen und sich schnell mit der Arbeit und «ihrem Betrieb» identifizieren: Noch lange Zeit später erzählen sie von ihren Erlebnissen und Erfahrungen und manchmal fahren sie später ein zweites Mal auf ihren Praktikumsbetrieb, zu Besuch oder um bei der Ernte zu helfen.

Neben den positiven Seiten dieser Durchführungsform des Praktikums bringt das «Verteilen» der Klasse auf viele Betriebe im Vorfeld

«Mittagsruhe» beim Besuch eines der Praktikumsbetriebe und Hofrundgang mit den Schülern.

einen großen organisatorischen Aufwand mit sich: Eine intensive Vorbereitung der Eltern und der Klasse sowie ein enger Kontakt mit den landwirtschaftlichen Betrieben, außerdem auch klare Regeln und Absprachen mit allen Beteiligten sind die Voraussetzung, damit die Praktikumszeit gut gelingen und auf allen Ebenen mit positiven Ergebnissen verbunden werden kann! Erfolgt die Vorbereitung und Planung durch die zuständige Person nicht differenziert und transparent genug, so kann es schnell zu Unstimmigkeiten und Unzufriedenheiten auf Seiten der Eltern, der Schülerinnen und Schüler sowie der landwirtschaftlichen Betriebe kommen, was die Durchführung des Praktikums auch in den nachfolgenden Jahren erschweren kann! Besonders zu bedenken ist, dass es nur eine begrenzte Anzahl von geeigneten landwirtschaftlichen Betrieben gibt, die bereit sind, Schulpraktika durchzuführen. Machen diese Betriebe mehrmals die

Erfahrung, dass es mit Schülerinnen und Schülern oder den dazugehörigen Eltern Schwierigkeiten gibt, so lehnen sie eventuell zukünftig die erneute Aufnahme von Praktikanten ab. Mittlerweile gibt es immer mehr Schulen, die auf diese Praktikumsform umschwenken, sodass zusätzliche Praktikumsplätze benötigt werden, leider aber nicht zwingend mehr Höfe zur Verfügung stehen!

## 4.6 Klasse 10 – Veredeln von Pflanzen zu Kulturzwecken

Die Jugendlichen befinden sich jetzt in einer Entwicklungsphase, in der die Pubertät maßgeblich abgeschlossen ist und in der sich zunehmend ihre eigene Persönlichkeit herausbildet. Im Vordergrund des Lernweges steht nun, Klarheit im Denken zu erlangen und durch das weitere Üben kausaler Zusammenhänge in allen Bereichen zu objektiven, logischen Verstandesurteilen zu gelangen. Gleichzeitig findet eine intensive Auseinandersetzung mit den Gesetzmäßigkeiten der Welt statt, wobei im Hintergrund steht, dass die Jugendlichen zunehmend Verantwortung für das eigene Handeln entwickeln, Lebenspraxis erlangen und zu bewussten «Erdenbürgern» werden.[5]

Im Gartenbau steht in diesem Schuljahr mit dem Thema «Veredelung von Pflanzen» sozusagen der «krönende» Abschluss dieses Faches an. Mit dem bewussten Eingreifen des Menschen in die Pflanzenwelt – für die Jugendlichen meist deutlich gemacht am Beispiel des Apfelbaumes – wird die Verantwortung verdeutlicht, die jeder Mensch durch sein Verhalten dem Leben und der Welt gegenüber trägt.[6] Seit Beginn der Kultivierung der Natur durch den Menschen und der intensiven Nutzung zu seinen Zwecken, hat die Zucht von Wild- zu Kulturpflanzen (Getreide, Früchte etc.) den Menschen in eine verantwortungsvolle Rolle gebracht, denn diese – einseitig ausgebildeten – Pflanzen würden ohne eine dauerhafte Pflege und Betreuung in der

Natur nicht bestehen können.[7] Es wird deutlich, wie passend und wertvoll eine Auseinandersetzung mit der Thematik in dieser Altersstufe sein kann, denn auf sehr konkrete Weise werden hier Parallelen zum anstehenden Entwicklungsschritt der jungen Menschen sichtbar: Um sich ein Leben lang weiterentwickeln zu können, muss der Mensch Entscheidungen treffen, tätig werden, in Prozesse bedacht eingreifen und für sein Handeln Verantwortung übernehmen.

Das Thema «Veredeln» wird in der Regel in einer zeitlich komprimierten Unterrichtsepoche behandelt und nicht über das Schuljahr hinweg bearbeitet. Nachdem eine theoretische Einführung erfolgt ist und praktische Vorübungen durchgeführt wurden, findet die Epoche ihren Abschluss darin, dass alle Schülerinnen und Schüler «ihren» Apfelbaum veredeln. An manchen Schulen wird dieser bis zum Abitur im Schulgarten gepflegt und dann den Schülerinnen und Schülern zur Schulabschlussfeier feierlich übergeben. Leider aber wird dieses Thema nur noch an wenigen Waldorfschulen behandelt. Die zeitliche Not und die vielen Themen in der Oberstufe führen häufig dazu, dass die «Veredelungsepoche» Sachzwängen zum Opfer fällt. Auch fehlende Lehrkräfte mit entsprechender Fachkompetenz lassen die Epoche an mancher Schule vom Lehrplan verschwinden. Bei genauerer Betrachtung kann jedoch festgestellt werden, dass es nur wenige Bereiche gibt, die auf eine so konkrete und anschauliche Weise Parallelen zum Entwicklungsstand der Jugendlichen aufzeigen und dadurch die Auseinandersetzung mit der Rolle des verantwortungsvoll handelnden Menschen anregen.

## Anmerkungen

1 Richter, Tobias (Hrsg.): *Pädagogischer Auftrag und Unterrichtsziele einer Freien Waldorfschule*, 1. Auflage, Stuttgart 1995, Seite 339.
2 Kaiser, Christoph (Hrsg.): *Vom Schatz im Acker: Schulgarten, Landwirtschaft, Ökologie. Naturerziehung an den Waldorfschulen Tübingen und Heidelberg*, Tübingen 2003, Seite 3.
3 Steiner, Rudolf: Fünfter Vortrag, 19. April 1923. In: Ders.: *Die pädagogische Praxis vom Gesichtspunkte geisteswissenschaftlicher Menschenerkenntnis. Die Erziehung des Kindes und jüngeren Menschen. Acht Vorträge gehalten in Dornach vom 5. bis 22. April 1923*, GA 306, 4. Auflage, Dornach 1989, Seite 106/107.
4 Richter, Seite 343.
5 Ebd., Seite 54.
6 Kaiser, Seite 52.
7 Lange, Peter (Hrsg.): *Pädagogischer Gartenbau. Gartenbauunterricht an Rudolf-Steiner-Schulen*, Heft 1–3, Auslikon 1995, Heft 1, Seite 24.

Foto S. 55. Projektarbeit einer Gruppe aus der 8. Klasse: Überarbeitung alter Stühle für den Gartenbauraum.

# 5 Verschiedene Unterrichtsmethoden

An vielen Schulen wird der «soziale Aspekt» in den Fokus des Gartenbauunterrichts der Mittelstufe gerückt. Denn menschenkundlich betrachtet, steht in diesem Alter die Aufgabe im Vordergrund, den Blick der Kinder «hinaus in die Welt» zu lenken, weg von den eigenen Befindlichkeiten und dem eigenen inneren «Gefühlschaos», wodurch diese Phase häufig dominiert wird. Naturwissenschaftliche Epochen werden eingeführt und fordern erstmals eine sachlich-beobachtende und beschreibende Vorgehensweise, ohne in gefühlsbetonte, subjektiv gefärbte Urteile zu verfallen. Thematisch geht es unter anderem auch immer wieder darum, den «Horizont» zu erweitern und sich mit den Schicksalen anderer Völker und Menschen auseinanderzusetzen, zu verbinden und – im Kleinen oder Großen – sozial aktiv zu werden.

So wird der Schulgarten häufig als «Allgemein-Gut» der Schulgemeinschaft betrachtet und mit dem Anspruch betrieben, dass die dort tätigen Klassen nicht (direkt) für sich selbst, sondern für die Gemeinschaft arbeiten sollen. Dieser Ansatz steht nicht selten im Vordergrund des Gartenbauunterrichts.

Nun stellt sich jedoch die Frage, wie die Aufgaben im Garten so gestaltet werden können, dass sie den einzelnen Klassenstufen mit ihrer jeweiligen altersgemäßen Entwicklung gerecht werden und dabei so differenziert sind, dass die Kinder für sich eine Sinnhaftigkeit in ihrem Tun erkennen und Freude und Interesse daran entwickeln können. Besonders in der oberen Mittelstufe – mit zunehmender Pubertät – wird dies von den Schülerinnen und Schülern vehement eingefordert. Gelingt das nicht, so kann sich die Durchführung des Unterrichts schnell schwierig gestalten!

Der Schulgarten hält eine so große Vielfalt an Arbeitsbereichen und Betätigungsfeldern bereit wie kein anderes Fach! Aus diesem Grund bietet es sich förmlich an, genau hinzuschauen und im Voraus zu planen, welche Aufgaben für welche Gruppen oder einzelne Schülerinnen und Schüler geeignet sind! Hier besteht die wunderbare Möglichkeit der Differenzierung: nach Alter der Kinder, nach Konzentrations- und Koordinationsfähigkeiten der Gruppe oder einzelner Schülerinnen und Schüler und letztendlich natürlich auch nach den eigenen Fähigkeiten und Grenzen. So kann es – je nach Situation – sinnvoll sein, zwischen Gruppen-, Team- und Einzelaufgaben zu wählen und genau zu schauen, welche Methode die passende sein könnte.

Die Themen «Differenzierung» und «Individualisierung» bei der Stoffvermittlung gewinnen in den letzten Jahren an allen Schulformen und in allen Fachbereichen immer mehr an Bedeutung, weil sich die

Schulklassen aus Kindern mit immer unterschiedlicheren Fähigkeiten und Lernvoraussetzungen zusammensetzen. Gerade die gärtnerische Arbeit bietet sich hervorragend an, um auf die Stärken, Schwächen und Bedürfnisse einzelner Schülerinnen und Schüler individuell einzugehen und in bestimmten Situationen eine gezielte Förderung vorzunehmen.

## 5.1 Arbeiten in der Gruppe

Gelegentlich wird das Arbeiten in der Gruppe als besonders erstrebenswerte Form des Gartenbauunterrichts ausgelegt: Dabei steht das pädagogische Ziel im Vordergrund, den menschenkundlichen Aspekten der Mittelstufe entsprechend, sich im Sozialen zu üben und nicht die eigenen Bedürfnisse und Interessen in den Fokus zu rücken. Allerdings erfordert dieser Ansatz eine differenzierte Betrachtungs- und Vorgehensweise: Das gemeinsame Arbeiten in größeren Gruppen kann in bestimmten Situationen und für bestimmte Tätigkeitsbereiche sehr sinnvoll und hilfreich sein, kann aber auch dazu führen, dass sich einzelne Kinder auf die Tatkraft ihrer Mitschülerinnen und -schüler verlassen und nicht so sorgfältig, zügig und engagiert bei der Sache bleiben, wie es eigentlich erwünscht ist. Das Verantwortungsgefühl des Einzelnen/der Einzelnen für die Aufgabe tritt, besonders in der oberen Mittelstufe, schnell hinter der Gruppe zurück: Die Empfindung kann sich einstellen, dass die eigene Arbeit wenig Bedeutung für das Ganze hat. So ist es – zum Beispiel beim Jäten oder Säen – später schwer nachvollziehbar, wer an welcher Stelle gearbeitet hat und wessen Arbeit somit besser bzw. schlechter durchgeführt worden ist. Außerdem kann es vorkommen, dass bei gemeinschaftlicher Tätigkeit einige Kinder überfordert bzw. unterfordert werden.

Diese Ausführungen sollen aber nicht zu dem Schluss führen, dass das Arbeiten in Gruppen nicht sinnvoll sein kann. Es gibt durchaus Tätigkeiten, bei denen dies sogar von Vorteil ist! Es bietet sich in Situationen an, in denen eine große Menge «weggeschafft» werden muss: Das Transportieren und Zerkleinern von Holz nach einer «Baumfällaktion», das Schneiden längerer Heckenabschnitte, die Arbeit an größeren Kompostplätzen, das Umgraben einer großen Fläche, Laub harken, Obst ernten etc. In der Gruppe können die Kinder erleben, wie sie gemeinsam stark sind und Aufgaben bewältigen können, mit deren Ausführung sie alleine überfordert wären und vermutlich irgendwann aufgeben würden.

Wichtig ist bei solchen gemeinsamen Aktionen, dass eine genaue Zuordnung der Kinder zu einzelnen Teilabschnitten der Arbeit erfolgt: Wer schaufelt, wer fährt die Schubkarren, wer sägt, stapelt etc. – sonst besteht schnell die Gefahr, dass der Ablauf aus den «Fugen» gerät, die Kinder sich hauptsächlich den Aufgabenbereichen widmen, die ihnen Spaß bringen oder wo ihre Freunde tätig sind. Es muss also immer das Gefühl vermittelt werden, dass ein erfolgreiches Ergebnis von der zuverlässigen Ausführung jedes Einzelnen abhängt. Besonders gelungen scheint diese Arbeitsweise, wenn die Schülerinnen und Schüler beginnen, sich selbst untereinander anzuspornen oder zu ermahnen, weil sie wahrnehmen, an welchen Stellen der Prozess reibungslos läuft bzw. stockt.

Die Durchführung von Tätigkeiten in einer größeren Gruppe eignet sich besonders zu Beginn des Gartenbauunterrichts in Klasse 5 und 6. In der Regel sind die Kinder in diesem Alter noch sehr eifrig und tatkräftig bei der Sache und wollen sich anstrengen! Abgesehen davon, schaffen sie aufgrund ihrer körperlichen Statur gemeinsam mehr und können das vollbrachte Ergebnis schließlich alle zusammen bestaunen.

◅ Gemeinsame Bohnenernte auf den Klassenbeeten einer 6. Klasse.

Zwei Schülerinnen bereiten gemeinsam eine Beetfläche für die Klasse vor.

## 5.2 Einzel- oder Teamaufgaben

Etwa ab Klasse 7 wird spürbar, dass die Schülerinnen und Schüler beginnen, die einzelnen Aufgaben zu hinterfragen: Warum soll ich das machen? Muss das wirklich sein? Kann das nicht jemand anderes machen? Plötzlich scheint jeder Spatenstich unendlich anstrengend zu sein und führt schnell zu entrüstetem Stöhnen über diese «unzumutbare» Arbeit.

Es zeigt sich zunehmend, dass die meisten Schülerinnen und Schüler weniger sorgfältig vorgehen, um ungeliebte Arbeiten schneller zu bewältigen. So lohnt es sich, ein gelockertes und gejätetes Beet einmal genauer zu untersuchen: Nicht selten findet man das Unkraut knapp unter der Erdoberfläche – in der Hoffnung, dass die Lehrkraft es nicht bemerkt!

Manche Aufgaben lassen sich am besten allein durchführen und erfordern in besonderer Weise Geschick und Präzision.

In diesem Alter bietet es sich nun an, vermehrt Einzel- oder Teamaufgaben zu verteilen. Das hat den Vorteil, dass sich einzelne Schülerinnen und Schüler nicht hinter der Gruppe «verstecken» können: Die Arbeitsresultate lassen sich auf jeden Einzelnen der Gruppe zurückführen, das heißt, dass jede Schülerin und jeder Schüler mit der eigenen vollbrachten Leistung direkt konfrontiert wird. Des Weiteren kann durch diese Vorgehensweise die alterstypische Gruppendynamik unterbrochen werden: Es ist möglich, bestimmte Schülerinnen und Schüler gezielt bei der Arbeit zu trennen (Freunde bzw. «Störenfriede»).

Da die Schülerinnen und Schüler in der Regel schon eine Zeit lang Gartenbauunterricht hatten, sind ihnen der Garten, die verschiedenen Aufgaben und Gerätschaften vertraut. Dies ist eine wichtige Voraussetzung, wenn in mehreren Kleingruppen oder Teams gearbeitet werden soll, da der begrenzende Faktor in diesem Fall die gleichmäßige und gute Betreuung aller Schülerinnen und Schüler durch die Lehrkraft darstellt. Das bedeutet, dass eine sehr differenzierte Vorbereitung und Planung der Unterrichtsstunde vorausgehen muss: Die Gruppengröße, die individuellen Fähigkeiten der einzelnen Schülerinnen und Schüler sowie die Komplexität der zu verteilenden Aufgaben müssen bedacht werden!

## 5.3 Projekte und Aktionen

Bezogen auf den Gartenbauunterricht verstehe ich unter «Projekten» Unterrichtseinheiten und -inhalte oder Arbeitsaufträge, die unabhängig vom Jahreslauf und den gärtnerischen «Notwendigkeiten» durchgeführt werden und von zeitlich begrenzter Dauer sind. Das können natürlich Aktionen sein, die für alle Schüler – unter Umständen mit zusätzlichen Stunden – in den regulären Unterricht eingebunden werden: ein notwendiges Bauprojekt im Garten (z.B. ein Frühbeet, eine Kräuterspirale, ein Insektenhotel o.ä.), die befristete, intensive Auseinandersetzung mit einem speziellen Thema (Schmetterlinge, Klima, Regenwürmer o.ä.) oder beispielsweise die Organisation eines Pflanzenmarktes oder Gartenfestes. Natürlich können auch Projekte außerhalb des normalen Unterrichts hinzukommen: Aktionen, die zum Beispiel mit Klassenlehrern oder Eltern gemeinsam durchgeführt werden. Aber es kann auch darum gehen, einzelnen Schülerinnen und Schülern die Möglichkeit anzubieten, sich spezielle Aufgaben auszuwählen und damit intensiver auseinanderzusetzen.

Das projektorientierte Arbeiten gewinnt an vielen Schulen immer stärker an Bedeutung. Für viele Unterrichtsfächer stellt es eine sehr

In einer klassenübergreifenden Aktion wird hier das Frühbeet im Schulgarten verschönert.

förderliche Arbeitsform dar. Mit dem Gartenbauunterricht lässt sich diese Vorgehensweise nur beschränkt vereinbaren. Im Vordergrund des Gartenbauunterrichts sollten vorrangig das Erleben des Jahreszeitenlaufes und die damit verbundenen notwendigen Arbeiten stehen. Das heißt, der Garten gibt mehr oder weniger vor, womit wir uns im Unterricht zu beschäftigen haben. Diese Sicht- und Arbeitsweise macht «konstruierte» Projekte überflüssig. Abgesehen davon, stellt der Gartenbauunterricht mit seiner Ausdauer und Durchhaltevermögen erfordernden Arbeitsweise einen Gegenpol zu unserer schnelllebigen und von «Lustmentalität» bestimmten Zeit dar und setzt mit diesen Qualitäten ebenfalls bewusst in der Pubertätsphase an.

Allerdings gibt es – wie oben bereits erwähnt - auch in diesem Fach Situationen, in denen Projekte eine sinnvolle und schöne Ergänzung darstellen können. So können zum Beispiel Bauprojekte für die Schülerinnen und Schüler eine wertvolle Erfahrung sein. In diesen Fällen muss nur sehr genau überlegt werden, in welcher Form die praktische Umsetzung möglich ist. Meistens ist es sinnvoll, solche Dinge in Verbindung mit anderen Kollegen (zum Beispiel fächerübergreifend) oder mit Elternhilfe durchzuführen und dafür zusätzliche Stunden einzuplanen: Projektwochen, Aktionstage etc. Es muss sichergestellt werden, dass die Schülerinnen und Schüler trotzdem ihren anderen Aufgaben im Schulgarten auch weiterhin nachkommen, dass diese nicht aufgrund eines Projekts in den Hintergrund treten.

Natürlich gibt es auch die Situation, dass eine Schule nicht die Möglichkeit hat, das Fach Gartenbau regulär das ganze Jahr über anzubieten, aber trotzdem nicht auf einen Schulgarten verzichten möchte. In diesen Fällen bietet es sich unter Umständen an, durch kleinere und größere Projekte wenigstens in eingeschränkten Zeitfenstern mit Schülerinnen und Schülern im Garten tätig zu sein. So könnte sich zum Beispiel eine Klasse oder Gruppe nur einer Pflanzenart widmen, ein Kartoffelfeld anlegen oder mit der unterschiedlichen Verarbeitung von Kräutern befassen (Salz, Tees, Salben etc.).

Außerdem stehen einige Gartenbaukolleginnen und -kollegen vor der Situation, dass an ihrer Schule der Unterricht größtenteils in Epochen erteilt wird. In diesem Fall ist es kaum möglich, mit der notwendigen Kontinuität den Garten zu bewirtschaften und die Schülerinnen und Schüler in die Tätigkeiten des Jahreslaufes einzubinden. Hier muss genau geschaut werden, in welcher Weise das Arbeiten mit den Kindern «Sinn» macht: Denn schnell verbreitet sich Unmut unter den Schülerinnen und Schülern, wenn zum Beispiel eine Gruppe im Frühjahr sät und pflanzt, die nachfolgende Gruppe nur jätet und pflegt – und die letzte Gruppe in den Genuss der Ernte kommt ... Auch in diesem Fall kann ein projektorientiertes, themenbezogenes Arbeiten von Vorteil sein.

Besonders geeignet können kleinere und größere Projekte für die

Eine «Winterarbeit» von Achtklässlern.

Arbeit in einer 8. oder höheren Klasse sein. In der Regel haben diese bereits die wichtigsten Bereiche des Gartens mit den Aufgabenbereichen der verschiedenen Jahreszeiten durchlaufen. Nun ist es Zeit für etwas «Neues»! Altersgemäß betrachtet wäre es wenig sinnvoll, die Schülerinnen und Schüler mit «Altbekanntem» zu langweilen: Nicht selten äußern Achtklässler, dass der Gartenbauunterricht keine Freude mehr macht und dass sie sich «zwangsbeschäftigt» fühlen.

In der 8. Klasse sind die Schülerinnen und Schüler in ihrer Entwicklung so weit, dass sie in der Lage sind, recht selbstständig und projektorientiert an einem selbst gewählten Thema zu arbeiten – wenn es entsprechend begleitet wird. Nicht umsonst steht als besondere Aufgabe in diesem Schuljahr die sogenannte «Jahresarbeit» im Lehrplan! Warum also nicht überlegen, welche Betätigungsfelder sich im Garten eignen, um von den Schülerinnen und Schülern in Eigenverantwortung umgesetzt zu werden? Es bietet sich an, im Vorfeld zu klären, welche Aufgaben für eine solche Unterrichtsart geeignet erscheinen, um diese dann den Schülerinnen und Schülern zur freien Auswahl vorzulegen. In der Regel ergibt sich eine große Bandbreite an möglichen Themen: Cremes und Salben herstellen, Papier mit Naturmaterialien schöpfen, Vogelhäuser und Nistkästen bauen, Veredeln von Gartenprodukten, das Aufstellen eines Zaunes, das Pflastern eines Weges, einen Gartenteich anlegen etc. Dabei muss natürlich beachtet werden, wie viel Zeit zur Verfügung steht und in welcher Gruppengröße einzelne Aufgaben sinnvoll umsetzbar sind. Außerdem müssen sich die verschiedenen Projekte zeitgleich gut betreuen lassen.

Schön an dieser Art des Unterrichts ist, dass sich die Schülerinnen und Schüler fast immer begeistert und motiviert auf diese Arbeiten einlassen. Sie fühlen sich in ihren Bedürfnissen wahrgenommen und können sich mit ihren individuellen Fähigkeiten einbringen. Zum Schluss können sie stolz ihr fertiges «Produkt» präsentieren. Wichtig ist allerdings, dass eine enge und differenzierte Begleitung der einzelnen Arbeitsschritte erfolgt, dass von der Planung bis zur Umsetzung jeder Punkt genau besprochen wird. Auch ist es unumgänglich, das notwendige Arbeitsmaterial bereit zu halten: Die Schülerinnen und Schüler beginnen in diesem Alter erst diese neue Art des eigenständigen Arbeitens zu erlernen, sodass ein durchdachter und reibungsloser Ablauf eines Projekts nicht erwartet werden kann! Werden die Schülerinnen und Schüler zu sehr sich selbst überlassen, kann sich schnell «Missmut» einstellen, weil zuvor nicht bedachte Teilschritte oder fehlendes Arbeitsmaterial in eine «Sackgasse» führen, die Weiterarbeit behindern oder gar die Arbeit zum Scheitern bringen!

Aufgrund eines sehr kleinen Schulgartens hat sich bei mir das projekthafte Arbeiten mit den 8. Klassen mehr oder weniger automatisch ergeben. Da wurden in den ersten Jahren die alten Stühle im Gartenbauraum bunt bemalt, Schubkarren verschönert, ein neues Gartentor gebaut, Fundamente für ein kleines Gewächshaus gesetzt, gekocht und gebacken oder Salben hergestellt. Obwohl diese Art des Unterrichtens eine große Menge an zusätzlicher Planung und Vorbereitungszeit von der betreuenden Person erfordert, hat mir persönlich diese Art des Unterrichtens viel Freude bereitet: Es gibt kaum Disziplinprobleme oder Konzentrationsschwierigkeiten – die Schülerinnen und Schüler sind weitestgehend mit Feuereifer bei der Sache, sodass man manchmal gar nicht schnell genug die Wünsche und Fragen der verschiedenen Teams bedienen kann!

Foto S. 69: Schülerinnen und Schüler einer 6. Klasse bei der Arbeit an ihren Einzelbeeten mit Gemüse.

# 6 Durchführung und Gestaltung von Unterrichtseinheiten

Kein Unterrichtsfach wird von so vielen äußeren Faktoren beeinflusst wie die Arbeit im Schulgarten: Jahreszeiten und Wetterlagen haben einen direkten Einfluss auf die Unterrichtsstunden; aber auch die Größe, Lage und Gestaltung der Gartenfläche wirken sich erheblich auf die Art des Unterrichtens aus. Des Weiteren gibt es im Garten viel zu entdecken: Gerätschaften können sich schnell in «phantasievolle» und zweckentfremdete Spielzeuge verwandeln und Tiere wie Insekten, Käfer, Würmer, Vögel lenken unter Umständen von den eigentlichen Aufgaben ab. Das kann bedeuten, dass Ablenkung und «Fremdbeschäftigung» überhand nehmen können, wenn dieser

Unterricht nicht ganz bewusst begriffen, vorbereitet und mit einer gewissen Stringenz durchgeführt wird. Man sollte sich also im Vorfeld mit folgenden Fragen auseinandersetzen: Was könnte ablenken – und wie gehe ich damit um? Wem gebe ich welche Aufgabe? Und schließlich die wichtigste Frage: Wie gestalte ich den Unterricht so, dass ich die Kinder fesseln und für die Aufgaben begeistern kann?

Gleichzeitig gibt es kaum ein Unterrichtsfach, das so unglaublich viele Möglichkeiten der Gestaltung bietet! Nirgendwo anders kann man so individuell die Themenschwerpunkte setzen sowie den Garten und Unterricht nach Bedürfnissen der Kinder, der Schule und den eigenen Vorlieben und Fähigkeiten ausrichten. In der Regel gibt es viel mehr mögliche Arbeits- und Gestaltungsbereiche im Garten sowie theoretische und praktische Unterrichtsthemen, als überhaupt durchführbar sind! So besteht die Gefahr, dass man sich in den Möglichkeiten verliert und zu viele Aufgaben auf einmal in Angriff nimmt. Es bleibt also keine andere Wahl, als gut strukturiert vorzugehen und an der einen oder anderen Stelle Entscheidungen zu treffen! Dabei ist wichtig, sich einen gewissen zeitlichen Freiraum vorzubehalten, denn viele, der oben genannten Faktoren lassen sich in diesem Fach schwer kalkulieren.

## 6.1 Der Gartenbauunterricht und seine Stellung im Schulalltag

Der Gartenbauunterricht liegt zeitlich gesehen häufig am Rande des Tages, also in den späten Schulstunden – mittags oder sogar nachmittags. Das hat verständlicherweise zur Folge, dass die Schülerinnen und Schüler bis zu diesem Zeitpunkt schon viel leisten und aufnehmen mussten und dadurch unter Umständen erschöpft, müde oder überdreht und unkonzentriert zum Unterricht erscheinen. Genauso lässt sich beobachten, dass Kinder zum Ende der Woche nicht mehr so «aufnahmebereit» sind wie zum Wochenbeginn. Deshalb ist es wichtig, dass man sich als Lehrerin oder Lehrer dieser Tatsache bewusst stellt und mit einem gewissen Verständnis die Ziele für den eigenen Unterricht absteckt.

Gleichzeitig bedeutet dies, dass die Lehrkraft eine sehr klare und strukturierte, aber auch humorvolle Weise des Unterrichtens anstreben sollte, bei der sie sich das Zepter nicht aus der Hand nehmen lässt – weil sonst schnell das «Chaos» regieren kann ... Des Weiteren stellt sich die überaus wichtige Frage, was die Kinder in diesem Unterricht nun «brauchen»: Was haben sie an dem entsprechenden Tag bereits für Unterrichtsstunden absolviert? Wurden sie eher intellektuell angesprochen und hatten viele Stunden mit theoretischer Wissensvermittlung? Wie sieht der Stundenplan insgesamt aus?

Es ist überaus wichtig, den Gartenbauunterricht im Schulzusammenhang zu betrachten und die verschiedenen Klassenstufen genauer zu beleuchten, um zu einem dauerhaft erfolgreichen Unterrichtskonzept zu gelangen. Die Arbeit im Schulgarten basiert von sich aus auf praktischen Tätigkeiten. Hier muss kein Projekt oder ähnliches «künstlich» konstruiert werden! Warum also diese wunderbare Voraussetzung nicht nutzen – und über die körperliche Arbeit und das damit verbundene Erleben lernen, um einen Ausgleich zum meist stressigen und häufig sehr «kopflastigen» Schulalltag zu ermöglichen.

## 6.2 Arbeit und Ausgleich im Wechselspiel

Mit Schülerinnen und Schülern zu gärtnern, stellt eine ganz andere Herausforderung dar als die Arbeit eines «klassischen» Gärtners. So muss einem bewusst sein, dass es im Unterricht nicht möglich ist, eine – aus gärtnerischer Sicht – notwendige Arbeit eine Doppelstunde lang durchzuführen! Zwar steht im Mittelpunkt des Gartenbauunterrichts die «Orientierung an den Notwendigkeiten der Natur» sowie die Auseinandersetzung mit den mittelstufenrelevanten Themen «Ausdauer» und «Selbstüberwindung». Doch eine zu einseitig und eintönig gestaltete Stunde wird schnell dazu führen, dass sich die Freude an dem Fach in Frust wandelt und die freiwillige Mitarbeit zunehmend verweigert wird!

Des Weiteren muss – wie bereits erwähnt – beachtet werden, dass die Schülerinnen und Schüler in der Regel schon einige Unterrichtseinheiten hinter sich haben, da der Gartenbau häufig in die späten Randstunden fällt. Deshalb sollten im Gartenbauunterricht die Aufgaben verstärkt in der Weise aufbereitet werden, dass den Schülerinnen und Schülern Zeit zum «Ausatmen» gewährt wird. Schließlich gibt es in diesem Fach unzählige Wege, den Unterricht so zu gestalten, dass gearbeitet und gelernt werden kann, ohne zu sehr in eine ermüdende «Anspannung» zu geraten.

Natürlich ist es dabei nicht sinnvoll, in «blinden Aktionismus» zu verfallen und einen «spaßorientierten» Unterricht abzuhalten, in dem alle Aufgaben nur kurz angerissen und nicht zu Ende geführt werden oder wo immer dann aufgehört werden darf, wenn es anstrengend wird: Dies wäre kontraproduktiv und stünde im Gegensatz zu den in Kapitel 4 ausgeführten pädagogischen Zielen der Mittelstufe!

Es muss der «goldene Mittelweg» gefunden werden, der den Schülerinnen und Schülern vermittelt, dass die Notwendigkeiten des Gartens Vorrang vor den eigenen Bedürfnissen haben, aber auch, dass die Arbeit in einem Garten «Vorzüge» mit sich bringen kann! Ein Stück weit kommt hier das hintergründige Thema der Mittelstufe «Ursache und Wirkung» bzw. das Prinzip «wenn – dann» zum Ausdruck: Jede Form von Handlung führt zu einem Ergebnis – dies hat nicht nur bei der Gartenarbeit Relevanz (gute Arbeit – gute Ernte), sondern kann auch in der Stunde genutzt werden. Es ist zum Beispiel möglich, gelegentlich (nicht immer!) einen schönen Stundenabschluss in

Ein gemütlicher Stundenabschluss vor den Sommerferien.

Aussicht zu stellen, wenn bestimmte Arbeiten zügig und zufriedenstellend erledigt wurden. Viele kleine Dinge sind bei den Kindern in der Regel beliebt: gemeinsam die frisch geernteten Möhren, Gurken oder Tomaten probieren, einen selbst gemachten Sirup trinken, Apfelmus aus dem eigenen Vorrat verkosten oder im Sommer eine kleine «Wasserschlacht» im Garten ... Wurden größere Mengen einer Gemüsesorte geerntet, kann das Gemüse zum Ende verteilt werden oder ein kleines Ratespiel (z.B. Schätzen des Gewichts) dazu stattfinden. Allerdings sollten die hier dargestellten Beispiele nicht dazu dienen, stets mit Bedingungen verknüpft zu werden: Es kann nicht darum gehen den Schülerinnen und Schülern eine – von Belohnung abhängige – Arbeitshaltung zu vermitteln!

Stehen Arbeiten im Garten an, die langwierig und anstrengend sind, können die Kinder in verschiedene Teams eingeteilt werden, die nach

der Hälfte der Zeit die Aufgabenbereiche tauschen: Dadurch stehen die wichtigen Aufgaben weiterhin im Vordergrund, die Kinder haben aber eine Abwechslung und bleiben länger bei der Sache. Es kann auch hilfreich sein, einfach zwischendurch – wenn es sich ergibt – Situationen zu nutzen, in denen es im Garten etwas Interessantes zu sehen gibt und dazu einladen, einmal gemeinsam etwas genauer hinzuschauen: Schmetterlinge, die sich auf eine Blüte setzen, Würmer, die im Boden oder Kompost entdeckt werden, Wildkräuter, die beim Jäten immer wieder auftauchen etc.

Schülerinnen und Schüler finden von sich aus viele Gründe, die Arbeit – bewusst oder unbewusst – zu unterbrechen! Viele Dinge im Garten können das Interesse plötzlich wecken und von der eigentlichen Aufgabe ablenken. In solchen Momenten gilt es genau zu erspüren, ob dies gerade gut und passend ist oder unterbunden werden muss. So kann es durchaus Situationen geben, in denen Kinder etwas ganz Spannendes entdecken oder beobachten und dennoch thematisch bei der Sache sind. In solchen Fällen sollte dies unbedingt toleriert und für den Unterricht genutzt werden! In anderen Situationen haben die Schülerinnen und Schüler ein feines Gespür dafür, wie sie die eigentliche Aufgabe umgehen und gekonnt «Pausen» einlegen können – dies gilt es natürlich zu durchschauen und mit einer gewissen Portion Humor und «Standfestigkeit» seitens der Lehrkraft zu unterbinden!

## 6.3 Die Bedeutung von Theorie und praktischem Tun

Sicherlich haben die meisten Gartenbaulehrerinnen und -lehrer das berechtigte Bedürfnis, auch in ihrem Fach «Wissen» zu vermitteln und fügen hier und da theoretische Themen in ihren Unterricht ein. Man sollte sich aber immer wieder bewusst machen, dass das Lernen am nachhaltigsten erfolgt, wenn es mit direkten Erlebnissen und praktischem Tun verknüpft wurde. Nicht nur Kinder erinnern sich am besten an Dinge oder Situationen, wo etwas direkt erlebt, gesehen, getan oder gespürt werden konnte – also das Gefühl und die Sinne angesprochen wurden! Nun ist der Gartenbauunterricht ein Fach, in dem diese Art von Erleben (fast) automatisch erfolgt: Diese wunderbare Chance sollte genutzt und nicht versucht werden, die theoretische Wissensvermittlung im «klassischen Unterrichtsstil» darüber zu stellen!

Natürlich ist es auch im Gartenbauunterricht möglich und zum Teil auch nötig, theoretische Einheiten zu unterrichten. Doch lassen sich diese sehr gut an die praktischen Arbeiten im Garten und dortige Erfahrungen und Erlebnisse anknüpfen und damit verbinden:

Beim Umgraben kann man wunderbar eine kleine Pause einlegen, in der die gefundenen Würmer einmal genauer beobachtet und ihre Bedeutung besprochen werden. Bei Aussaaten, beim Pikieren und Eintopfen kann die Entwicklung der Pflanzen von Woche zu Woche angeschaut und beschrieben werden. So gibt es unzählige Themen, die sich aus der praktischen Arbeit ergeben, beispielsweise:

- Der Kompost und seine Bedeutung für den Garten
- Gerätekunde
- Wetterbeobachtungen
- Der Jahreszeitenlauf
- Pflanzen- und Wildkräuterkunde
- Bodenkunde
- Auseinandersetzung mit Insekten, ihren Aufgaben im Gartenorganismus

Es bietet sich in der Regel an, eher kleine Themen in den Unterricht einzubauen und mit der praktischen Arbeit zu verbinden, als eine

Zeit für «Entdeckungen» muss sein!

ganze Stunde über eine Sache zu sprechen. Anders ist dies natürlich, wenn man zum Beispiel einen «Kartoffeltag» oder ähnliches durchführt, wo man sich ganz intensiv – theoretisch und praktisch – mit einem Thema befassen kann. Wichtig ist meiner Meinung nach nur, dass zu Beginn immer Tun und Erleben im Vordergrund stehen, bevor eine thematische Vertiefung erfolgt!

Die theoretische Bearbeitung von Themen und das schriftliche Festhalten in einer Gartenbaumappe, bieten sich auch besonders für Regen- oder Wintertage an, an denen es draußen keine geeigneten Aufgaben für eine ganze Gruppe gibt. Dann allerdings stellt sich die Frage, wie diese Stunden geschickt so gestaltet werden, dass die Kinder innerlich an den Themen anknüpfen können (siehe Kapitel 7.7.5 *Theorie und Heftführung*)!

Das Schöne an der Arbeit im Schulgarten ist, dass sich viele Dinge von alleine ergeben: Da fliegt eine Hummel vorbei und setzt sich auf eine Blüte, Käfer werden beim Jäten entdeckt, eine Kröte sitzt im Gewächshaus zwischen den Tomaten ... Oder Fragen entstehen, wenn zum Beispiel hübsch blühende Wildkräuter herausgezogen werden sollen, bestimmte Materialien nicht auf den Kompost gebracht werden dürfen, Pflanzenbrühen angesetzt oder Saaten in Anzuchtschalen und nicht direkt im Garten erfolgen! Eine gewisse Offenheit und Spontaneität ist hilfreich, um diejenigen Momente zu erkennen und zu nutzen, in denen das Interesse der Schülerinnen und Schüler für etwas geweckt und eine Aufnahmebereitschaft für eine vertiefende Auseinandersetzung vorhanden ist.

Betrachtet man den Lehrplan der einzelnen Klassenstufen bis in die Oberstufe hinein, so wird man feststellen, dass viele Themenbereiche in anderen Zusammenhängen wieder aufgegriffen werden. Der Gartenbauunterricht kann, so betrachtet, eine wichtige unterstützende Funktion haben – nämlich das Interesse für die uns umgebende Natur und ihre bewusste Nutzung als menschliche Lebensgrundlage wecken und die innere Verbundenheit fördern, sodass das Fundament bereitet wird, sich auch weiterhin mit diesem weiten Feld und seinen Zusammenhängen auseinanderzusetzen!

## 6.4 Der Umgang mit Regeln

Der Gartenbauunterricht stellt eine große Ausnahme im regulären Schulalltag dar: Er findet nicht in einem geschlossenen Raum statt! Wir haben hier die besondere Situation, dass der Schulgarten den Klassenraum ersetzt bzw. das größte und vielfältigste Klassenzimmer darstellt, das man sich vorstellen kann.

Diese Tatsache bringt einerseits wunderbare Gestaltungsmöglichkeiten für den Unterricht mit sich, andererseits erschwert sich dadurch



Gegenseitige Hilfe und Sicherheit sind wichtige Themen im Gartenbauuunterricht. ▻

die Situation für die Lehrkraft erheblich, wenn sie nicht gut auf diese Gegebenheiten eingestellt ist und die entsprechende innere Sicherheit mitbringt. In keinem anderen Unterrichtsfach ist das Betätigungsfeld der Schülerinnen und Schüler so groß und vielfältig – sowohl inhaltlich als auch räumlich. In zahlreichen Situationen arbeiten die Kinder zeitgleich in mehreren Gartenbereichen mit unterschiedlichen Geräten und an verschiedenen Aufgaben.

Als Lehrkraft in dieser Situation den Überblick zu behalten und allen Schülerinnen und Schülern mit ihren Ansprüchen gerecht zu werden, stellt eine große und sehr verantwortungsvolle Aufgabe dar. Schließlich kann die Arbeit in diesem Bereich auch einige Risiken in sich bergen. Entziehen sich Kinder den Anweisungen der Lehrkraft oder gehen unsachgemäß mit den Geräten um, so kann es (gewollt oder ungewollt) zu der Zerstörung von Beetflächen und Pflanzen kommen, aber auch zu Verletzungen bei den Kindern selbst oder ihren Mitschülerinnen und Mitschülern. Ohne sich in Ängsten zu verstricken, sollte man sich klar machen: Im Gras herumliegende Grabegabeln, Harken oder Spaten können böse Stolperfallen sein; auf den Schultern getragene Geräte können dahinter folgende Kinder im Gesicht treffen und Verletzungen hervorrufen. Durch den Garten geworfene Steine oder Erdklumpen können ebenfalls Mitschülerinnen und Mitschüler treffen! Es muss also von Anfang an klargestellt werden, dass bestimmte Verhaltensweisen ohne «Wenn und Aber» eingehalten werden! Sollten sich Kinder nicht an diese Regeln halten, so sollte sofort – ohne langes Zögern – eine Konsequenz folgen! Erleben die Schülerinnen und Schüler, dass es in diesem Bereich keine Ausnahmen gibt, so werden sie ihr Verhalten schnell anpassen.

Nicht nur aus den eben genannten Gründen ist es unabdingbar, dass im Gartenbauunterricht von Beginn an ganz klare Regeln und Strukturen eingeführt werden. Abgesehen davon, dass diese in der Mittelstufe sowieso zunehmend eine neue Bedeutung gewinnen und in den Fokus rücken, erleichtern sie ganz erheblich eine langfristige gemeinsame Arbeit im Schulgarten! Es wäre im Gartenbaubereich nicht möglich, den Unterricht inhaltlich zu steigern und weiterzuentwickeln, wenn in jeder Unterrichtseinheit gängige Abläufe und Regeln immer wieder besprochen und diskutiert würden!

Jede Lehrkraft kann bestätigen, wie viel Zeit des Unterrichts benötigt wird, bis alle Schülerinnen und Schüler zu Beginn der Stunde mit den entsprechenden Geräten ausgestattet sind, sodass sie ihre Arbeit endlich beginnen können. Auch zum Ende der Unterrichtsstunde vergeht viel Zeit, bis sich alle Geräte wieder sauber und ordentlich an ihrem Platz befinden. Müssen die Kinder bei schlechterem Wetter noch ihre Kleidung wechseln (Gummistiefel, Handschuhe, Regenjacken), so kann es schnell passieren, dass ein Drittel der Unterrichtsstunde lediglich mit Vor- und Nachbereitung zugebracht wird. Dies führt unweigerlich dazu, dass sich einzelne Gruppenmitglieder in diesen Phasen zu langweilen beginnen und die Zeit «anderweitig» nutzen. Deshalb ist es sehr förderlich, wenn die Schülerinnen und Schüler von Beginn an üben, diese Tätigkeiten möglichst schnell, zuverlässig und selbstständig auszuführen. Hilfreich kann es in diesem Zusammenhang sein, ein «Highlight» (eine beliebte Tätigkeit oder einen schönen Abschluss) zum Stundenende in Aussicht zu stellen – wenn bestimmte Abläufe so zeitsparend und gut klappen, dass Zeit «übrig» bleibt!

Neben der bereits erwähnten Verletzungsgefahr ist es ebenfalls wichtig, den Schülerinnen und Schülern bewusst zu machen, dass Gartengeräte in der Anschaffung teuer sind – und deshalb sorgfältig behandelt werden müssen! Wie schnell verschwinden Gartenscheren oder Jäthaken auf dem Kompostplatz, weil sie ins Gras gelegt und später unbeabsichtigt mit dem Unkraut entsorgt wurden! Auch das Thema «Achtung vor der Arbeit des Anderen» hat eine große Bedeutung! Wenn Schülerinnen oder Schüler sich einfach am Gemüsebeet des «Nachbarn» oder einer anderen Klasse bedienen oder die Wege durch den Garten über die Beete abkürzen, so führt dies zu Unmut, Enttäuschung und Ärger bei anderen! Schließlich lassen sich diese «Zerstörungen» im Garten nicht einfach rückgängig machen! Auch hier muss ganz klar sein, dass ein solches Verhalten – ohne Ausnahmen – nicht erlaubt ist!

Nun drängt sich die unumstößliche Frage auf, wie und welche Regeln eingeführt sowie ihre konsequente Einhaltung erreicht werden können! Was sicherlich den einen oder anderen enttäuschen mag ist, dass es keine allgemeingültige Antwort auf diese Fragen gibt! Auch wenn oben genannte Situationen in jedem Gartenbauunterricht eine Rolle spielen, so sind doch viele beeinflussende Faktoren sehr unterschiedlich: die Gartengröße und damit einhergehende Arbeitsgebiete der Kinder, die Gestaltung der Unterrichtsabläufe, die Gruppengrößen und -strukturen und – natürlich – die Persönlichkeit und Unterrichtsweise der zuständigen Gartenbaulehrerin bzw. des Gartenbaulehrers! Ein ganz wichtiger Aspekt bei der Unterrichtsführung ist sicherlich das authentische Verhalten der Lehrperson! Das bedeutet, dass nicht nach «Regelkatalog» gearbeitet werden kann, sondern sich jede Lehrkraft die Mühe machen muss, für den eigenen Unterricht die passende Form zu finden!

Also kann nur festgestellt werden, dass eingeführte Regeln und nachfolgende Konsequenzen grundsätzlich für die Schülerinnen und Schüler verständlich und nachvollziehbar sein müssen, das heißt, sie müssen einen erkennbaren Sinn haben! Mit dieser Grundvoraussetzung fällt es dann leichter, sich auch daran zu halten. Regeln, die eingeführt werden, um die «Macht» der unterrichtenden Person zu demonstrieren, werden schnell als solche entlarvt und unterlaufen!

Betrachtet man die menschenkundliche Entwicklung der Kinder in der Mittelstufe, so wird einem schnell bewusst, dass das Thema «Regeln» in diesem Alter eine bedeutende Rolle spielt: Während die eigene «Stellung in der Welt als Individuum» neu gefunden werden muss, werden Grenzen «gezwungenermaßen» permanent ausgetestet und neu abgesteckt! Die Auseinandersetzung mit vertrauten Menschen (Eltern, Lehrern etc.) sowie das andauernde kritische Hinterfragen von Dingen und Aufgaben, die bisher widerstandslos angenommen wurden, gehören zu dieser Entwicklungsstufe einfach dazu!

Vereinzelt höre ich von Kolleginnen und Kollegen oder Praktikantinnen und Praktikanten, dass es ihr großer Wunsch ist, ein Verhältnis auf «Augenhöhe» zu den Schülerinnen und Schülern zu entwickeln und zu pflegen, bei dem die Zusammenarbeit auf Verständnis füreinander basiert und sich ein «partnerschaftliches Verhältnis» einstellt. Zum einen widerspricht diese Vorstellung der automatisch existierenden «Hierarchie» von der verantwortlichen Lehrkraft zu den zu unterrichtenden Kindern. Zum anderen führt diese Unterrichtshaltung schnell zu Enttäuschungen und gelegentlich sogar zu dem persönlichen Gefühl der Verletzung: Hier wird etwas von den Kindern erwartet, was nicht altersgemäß ist und zu Problemen führen muss, denn die Reibung an gesetzten Grenzen wird dringend für die eigene Entwicklung benötigt! Erfolgt diese Grenzsetzung nicht, so werden sie gnadenlos durch auffälliges Verhalten eingefordert!

Hört man sich um, so klagen Eltern, Erzieherinnen, Erzieher oder andere Erwachsene immer wieder über den Verlust von Respekt, Benehmen und Anstand der heutigen Jugendlichen: Doch wo und wie sollen sie es lernen, wenn ihre erwachsenen Bezugspersonen die klare Grenzsetzung und daraus resultierende Auseinandersetzungen scheuen?

Wie bereits beschrieben, sollten Regeln und nachfolgende Konsequenzen für die Schülerinnen und Schüler nachvollziehbar sein: Es sollte nicht darum gehen, mit «sinnlosen Bestrafungen» zu arbeiten, sondern zu vermitteln, dass jede Form von Verhalten Konsequenzen nach sich zieht. So bringt es wenig, wenn ein Schüler zum Beispiel eine schriftliche Strafarbeit abliefern muss, weil er doch – unerlaubter Weise – mit Steinen geworfen hat. Viel sinnvoller wäre es, wenn dieser Schüler zum Ende der Stunde – wenn alle anderen unter Umständen gemeinsam selbst geerntete Produkte genießen – den Rasen im Schulgarten nach Steinen absuchen muss, damit diese nicht in die Messer des Rasenmähers geraten!

Genauso kann es hilfreich sein, in Aussicht zu stellen, dass attraktive «Programmpunkte» des Unterrichts gestrichen werden müssen, wenn eine Gruppe unkonzentriert, langsam und mit wenig Sorgfalt ihre Aufgabe durchführt. An diesem Punkt kann klargestellt werden, dass die Pflege des Gartens immer Vorrang hat – bevor zum Beispiel gemeinsam gekocht und gegessen wird.

Werden die Schülerinnen und Schüler älter, so kommt es – zunehmend ab Klasse 7 – häufig dazu, dass lang geübte Regeln gerne «vergessen» werden: Da werden zum Beispiel die benutzten Spaten mit Vorliebe am Ende der Stunde schnell weggehängt – ohne sie sorgfältig zu reinigen! Dies geschieht in der Hoffnung, dass die unterrichtende Person es nicht bemerkt und vielleicht die Chance besteht, etwas pünktlicher Schulschluss oder Pause zu bekommen. Wichtig ist es in solchen Momenten, dass man aufmerksam bleibt und nicht darüber hinweg sieht! Es bleibt nur die Möglichkeit, alle Schülerinnen und Schüler zurückzuschicken und darauf zu bestehen, dass die Stunde erst beendet wird, wenn alle Spaten sauber im Geräteschuppen hängen! In der Regel kommt es in solchen Situationen zu Auseinandersetzungen innerhalb der Gruppe, weil natürlich einige ihre Spaten ordnungsgemäß gereinigt haben: Diese «Selbstregulation» ist ein positiver Nebeneffekt und bringt oft mit sich, dass bestimmte Verhaltensweisen zukünftig seltener auftreten oder ganz unterlassen werden.

Ein Schüler hat in meinem Unterricht einmal – wie sich später herausstellte – versehentlich den Hauptschlauch für die Bewässerung im Garten mit der Grabegabel durchgestochen. Erst als ich am

Nachmittag den Garten wässern wollte und den Haupthahn aufdrehte, kam das «Malheur» zum Vorschein: Ich konnte die Sprenger nicht nutzen und musste den Garten mit dem Schlauch gießen! Bei Nachfrage am nächsten Morgen im Hauptunterricht meldete sich der betreffende Schüler sofort. Nun konnte es natürlich nicht darum gehen, den Schüler für seine Ehrlichkeit zu bestrafen! Doch wäre es sehr hilfreich gewesen, wenn er früher etwas gesagt hätte – das hätte mir am Nachmittag viel Arbeit und Zeit erspart. Also folgte die logische Konsequenz, dass der Schüler extra zu mir in den Garten kommen musste, um den Schlauch mit mir zusammen zu reparieren! Dabei konnte er einerseits gleich das Reparieren an sich lernen, andererseits wurde dem Schüler dadurch bewusst, welche Konsequenzen ein «kleines Loch» nach sich ziehen kann! Hätte ich den Schaden alleine behoben und den Schüler nicht miteinbezogen, so hätte daraus eventuell auch folgen können, dass der Schüler (oder auch andere aus der Gruppe) zukünftig «bewusst» unerlaubte Dinge im Garten angestellt hätte, um zu schauen, wann und wie ich reagiere!

## 6.5 Motivation der Schülerinnen und Schüler

In der Regel beginnt der Gartenbauunterricht in der 5. Klasse oder zu Beginn der 6. Klasse und wird dann von einer Lehrkraft über mehrere Jahre hinweg durchgeführt. Umso wichtiger ist es, dass die Einführung in das Fach gut gelingt und die Kinder eine positive Grundstimmung gegenüber der Arbeit entwickeln, die ein Stück weit über die – von der Pubertät geprägten – Mittelstufenjahre trägt!

Ende der 5. Klasse, mit Beginn der 6. Klasse befinden sich die Schülerinnen und Schüler entwicklungsgemäß in einer Phase, die geprägt ist von Tatendrang, Interesse an der Sache und Ausdauer! Gerne packen sie in diesem Alter kräftig an und freuen sich, wenn sie etwas «wegschaffen» können. Immer wieder erlebe ich in dieser Altersstufe, dass die Kinder gerne eine schwere Schubkarre nach der anderen beladen oder beim Umgraben darauf erpicht sind, schneller zu sein als die Mitschülerinnen und Mitschüler. Hin und wieder kommt es in dieser Altersstufe auch vor, dass Schülerinnen oder Schüler fragen, ob sie nach der Unterrichtsstunde noch weiterarbeiten dürfen. Viele Kinder legen im elterlichen Garten zu dieser Zeit ebenfalls ein eigenes Beet an.

Für den Beginn des Gartenbauunterrichts bietet sich diese Altersstufe somit sehr gut an. Von der körperlichen Entwicklung her sind die Kinder bereits in der Lage, mit den meisten Gartengeräten sinnvoll umzugehen und zu arbeiten. Außerdem bringen sie ein großes Maß an Arbeitswillen und natürliche Neugier mit! Wenn es die Lehrkraft schafft, mit diesen, ihr entgegengebrachten Qualitäten in richtiger Weise umzugehen und das Interesse am Garten und den damit verbundenen Aufgaben zu wecken, so wird eine wichtige Basis für die nachfolgenden Jahre geschaffen.

Es ist absehbar, dass – entsprechend dem individuellen Entwicklungsstand einer Klasse – im Laufe des 7. Schuljahres das Interesse und Engagement der angehenden Jugendlichen «scheinbar» deutlich abnimmt. Mit den ersten Schritten in die Pubertät ist dies ein natürliches Phänomen, welches von der Lehrkraft auf keinen Fall als gegen sie persönlich gerichtet verstanden werden darf! Selbst wenn die Schülerinnen und Schüler zunehmend unaufmerksam im Unterricht sind und alle Vorkenntnisse vergessen zu haben scheinen, permanent mit ihren Mitschülerinnen und Mitschülern reden und selbst die kleinste Arbeit nur unter Stöhnen erledigt wird, so darf nicht unterschätzt werden, wie viel von den Erlebnissen im Unterricht aufgenommen wird und an anderer Stelle Wirkung zeigt! In den vergangenen Jahren kam es immer wieder einmal vor, dass Eltern mir gegenüber ganz nebenher erwähnten, dass ihre Kinder begeistert von der letzten Stunde berichtet hatten, ihre Ernteprodukte stolz nach Hause brachten oder sogar ein eigenes Beet im häuslichen Garten anlegten! Nicht selten handelte es sich dabei um Schülerinnen oder Schüler, denen ich dies aufgrund ihres Verhaltens im Unterricht nicht zugetraut hätte! Es ist wichtig, sich dies in dieser Altersstufe immer wieder vor Augen zu führen und eine große Portion Humor mit in den Unterricht zu bringen!

Natürlich ist es so, dass es auch im Gartenbauunterricht immer wieder Aufgaben gibt, die anstrengend, mühsam und unbequem sind und in der Mittelstufe zunehmend als solche empfunden werden. Doch gerade dies ist unter anderem ein Grund dafür, dass die Arbeit im Gartenbereich in dieser Altersphase durchgeführt wird (siehe Kapitel 4 *Die Bedeutung des Gartenbauunterrichts in der Mittelstufe unter Beachtung menschenkundlicher Aspekte*). Umso wichtiger ist es, dass der Unterricht so gestaltet wird, dass die Schülerinnen und Schüler den direkten Sinn ihrer Aufgaben erkennen können und auf einfache Weise vermittelt bekommen, wofür sie etwas tun. Auf keinen Fall darf das Gefühl entstehen, einfach nur «beschäftigt» zu werden!

Alfred Graf stellt dazu in *Der Gartenbauunterricht als Symbiose von Gartenbau und Unterricht* auf Seite 17 fest: «Der heranwachsende Mensch will ‹Wirklichkeiten› erfahren, dadurch kann er sich mit der Welt, der Erde und dem Kosmos verbinden, kann Erdenbürger werden und sich auf der Erde heimisch, geborgen fühlen.»

Die beste «Medizin» gegen mangelnde Motivation ist ausreichende Arbeit! Dies mag sich vielleicht für den einen oder anderen absurd anhören: Schließlich ist man oft geneigt, dem sehr glaubhaft vorgetragenen (und oft auch tatsächlich so erlebten) Gefühl, die Kinder seien absolut überfordert, nachzugeben. Schnell zeigt sich aber, dass ein von Beginn an kultiviertes, straffes Arbeitspensum das «Jammern» und «Meckern» deutlich minimiert! Solange Aufgaben vorhanden sind, bleibt weniger Zeit für die Schülerinnen und Schüler, sich zu intensiv mit der Antriebslosigkeit zu befassen und sich dieser hinzugeben.

Klare Aufgabenverteilungen (mit Zielsetzungen!) zu Stundenbeginn verhindern, dass sich einzelne Kinder während der Stunde «drücken» können. Oft hebt es die Stimmung, wenn zum Ende der Stunde nach geschaffter Arbeit ein gemütlicher Abschluss stattfindet: Dies kann das gemeinsame Trinken eines leckeren selbst gemachten Sirups oder Tees sein, ein kleiner «Snack» mit Produkten aus dem Garten oder eine kleine «Wasserschlacht» bei heißem Wetter. Der Phantasie sind an dieser Stelle keine Grenzen gesetzt, schnell stellt sich heraus, wo die einzelnen Klassen ihre Vorlieben haben!

Foto S. 89: Obwohl die Tätigkeit anstrengend ist – viele Schülerinnen und Schüler der 5. und 6. Klasse lieben das Kompostsieben und Erdefahren.

# 7 Praktische Beispiele für die Unterrichtsgestaltung nach Klassenstufen

Das Arbeiten im und mit dem Schulgarten bietet unzählige Möglichkeiten, den Unterricht zu gestalten und verschiedene Tätigkeiten in den Vordergrund zu stellen. Besonders wichtig ist aus diesem Grund, genau zu schauen, welche Aufgaben für die entsprechenden Altersgruppen geeignet sind. Darüber hinaus sollte sorgfältig überlegt werden, in welcher Form einzelne Aufgaben und längerfristige Unterrichtsthemen angeleitet und durchgeführt werden. Hierbei gibt es keine feste Reihenfolge oder starre Vorgaben, doch wenn man sich intensiv mit den Möglichkeiten im eigenen Schulgarten und den verschiedenen Klassenstufen auseinandersetzt, wird schnell deutlich, dass bestimmte Themen, Arbeitsbereiche und Methoden bestimmten Klassenstufen mehr oder weniger entsprechen und ein sinnvoller Aufbau unumgänglich ist! Insgesamt lässt sich jedoch feststellen, dass jede Klassenstufe neue Themen und Aufgaben erhalten sollte, damit das Fach interessant bleibt und die Schülerinnen und Schüler zunehmend in ihren Fähigkeiten gefordert und gefördert werden! Zwar lassen sich bestimmte Arbeiten im Garten von allen Altersgruppen durchführen – und bestimmte Aufgaben werden sich auch jährlich wiederholen – doch muss stets ein neuer Ansatz bzw. Zusammenhang gefunden werden, wenn der Gartenbauunterricht bis zum Ende der Mittelstufe ernst genommen und mit Interesse verfolgt werden soll.

## 7.1 Beetformen

Für den Unterricht im Garten bieten sich verschiedene Gestaltungsformen von Beeten an. Im Gegensatz zu erwerbsmäßigen Gärtnereien stehen im Schulgarten nicht auf Produktion ausgerichtete Flächen im Vordergrund, sondern eine, an den pädagogischen Zielen orientierte Gestaltung. Die zwei gängigsten Formen sollen hier mit ihren Vorzügen genauer dargestellt werden.

### 7.1.1 Gruppenbeete

An vielen Schulen ist es üblich, mit einzelnen Klassenstufen bzw. Unterrichtsgruppen sogenannte Gruppenbeete anzulegen und die Saison über gemeinsam zu pflegen. Alle anstehenden Arbeitsschritte werden dabei von allen Gruppenmitgliedern durchgeführt, wobei die Gruppe aber durchaus in Kleingruppen aufgeteilt werden kann, die zeitgleich mit unterschiedlichen Aufgaben betraut werden.

Gemeinschaftsfläche einer 5. Klasse.

Jede Gruppe bzw. Klasse ist sozusagen für einen Teil des Schulgartens zuständig. Bei dieser Unterrichtsform steht im Vordergrund, gemeinsam für den Schulgarten verantwortlich zu sein. Die Kinder erleben, dass es auf die Leistung jedes einzelnen ankommt, damit die gemeinsame Ernte am Saisonende auch reich ausfällt. Während der Arbeit nehmen sie immer wieder wahr, wie sich die anderen Mitglieder der Gruppe einbringen und wie unterschiedlich die einzelnen Aufgaben angegangen und umgesetzt werden. Im Optimalfall werden dadurch Gruppenprozesse in Gang gesetzt, bei denen sich Schülerinnen und Schüler untereinander anspornen, korrigieren und helfen.

Im Verlauf der vorpubertären Phase richtet sich der Blick der Schülerinnen und Schüler zunehmend auf das eigene innere Befinden, die Wahrnehmung für die Zusammenhänge und Abläufe in der Umwelt tritt in den Hintergrund. So kann das Arbeiten in der Gruppe bzw. für

die Gemeinschaft helfen, der «Ich-Bezogenheit» in dieser Entwicklungsphase entgegenzuwirken.

Die Arbeit an Gruppenbeeten bringt aber nicht nur positive Aspekte mit sich. Diese Arbeitsform bietet auch viele Möglichkeiten für die einzelnen Schülerinnen und Schüler, sich den Aufgaben zu entziehen. Bei einer Gruppengröße von 12 Kindern ist es für die Lehrkraft kaum zu leisten, auf jede Schülerin und jeden Schüler einzeln einzugehen und permanent in direktem Kontakt zu stehen. Das heißt, dass sich die Lehrkraft ein Stück weit auf die Arbeitsbereitschaft der Kinder verlassen muss. Erfahrungsgemäß nimmt diese aber mit zunehmender Pubertät ab. Die Schülerinnen und Schüler fordern die Auseinandersetzung in dieser Zeit geradezu heraus und testen immer wieder, inwieweit die Lehrkraft in der Lage ist, dem etwas entgegenzusetzen.

Aus diesem Grund muss in den höheren Klassen der Mittelstufe sorgsam überlegt werden, wie die Arbeit auf Gemeinschaftsflächen in differenzierter und individualisierter Form umgesetzt werden kann, sodass alle Schülerinnen und Schüler auf sinnvolle Weise in die Verantwortung genommen werden.

Persönlich halte ich die Arbeit an Gruppenbeeten für eine hervorragende Einstiegsmöglichkeit in das Fach. Kinder der 5. oder 6. Klasse können an gemeinsamen Beeten besonders gut die ersten Abläufe der Gartenarbeit erleben und den Umgang mit den gängigen Arbeitsgeräten erlernen. Die oben genannten positiven Aspekte dieser Arbeitsform können in diesen Altersstufen besonders gut greifen. Abgesehen davon, ist es für die Lehrkraft deutlich einfacher, neue Arbeitsschritte in der Gruppe anzulernen und nicht individuell auf einzelne Schülerinnen und Schüler eingehen zu müssen.

So kann zum Beispiel eine 5. Klasse im Frühjahr beginnen, einen Teil des Schulgartens gemeinsam mit Gemüse zu bestellen: die Flächen umgraben oder lockern, Beete abmessen, Saatrillen ziehen, säen, pflanzen und anschließend pflegen. Im Herbst, also zu Beginn der 6. Klasse,

◅ Gemeinsam vermessen, angelegt, gepflanzt, gepflegt: erste Ergebnisse einer 5. Klasse!

wird dann die erste gemeinsame Ernte erfolgen, welche innerhalb der Klasse verteilt und im Unterricht verarbeitet wird.

### 7.1.2 Einzelbeete

Im vorangegangenen Kapitel wurde ausführlich auf die Vor- und Nachteile von der Arbeit an Gruppenbeeten im Schulgarten eingegangen. Neben dieser gängigen Arbeitsform gibt es auch die Möglichkeit – je nach Größe des Schulgartens – Schülerinnen und Schülern einer oder mehrerer Klassen die Verantwortung für eigene Beete zu übertragen. Dies kann alleine oder auch in Teams erfolgen.

Natürlich steht bei Einzelbeeten nicht mehr so stark der Gemeinschaftsaspekt im Vordergrund. Meine Erfahrungen haben jedoch gezeigt, dass sich beides nicht ausschließen muss, zumal ich die Vergabe von Einzelbeeten nicht gleich in der ersten Saison als Einstieg in das Fach für geeignet halte. Für die Arbeit an eigenen Beeten muss bei den Kindern bereits Grundwissen vorhanden sein, da das Arbeitstempo und die Fähigkeiten bei den einzelnen Schülerinnen und Schülern sehr unterschiedlich ausgeprägt sind und somit die fachliche Betreuung aufwändig ist.

Wie bereits in vorangegangenen Kapiteln beschrieben, befinden sich die Kinder in der 5. und 6. Klassenstufe in der Regel in einer Entwicklungsphase, in der sie gerne kräftig und mit recht viel Ausdauer anpacken und sich daran erfreuen können, wenn sie ein sichtbares Ergebnis erzielen. In diesem Alter bietet sich die Arbeit an gemeinschaftlichen Beetflächen geradezu an.

Ab der 7. Klasse dann wird deutlich spürbar, dass es den Schülerinnen und Schülern schwerer fällt, sich für die anstehenden Arbeiten zu begeistern und zu motivieren. Viele Abläufe im Garten sind bereits bekannt und treten mit jeder neuen Saison in die Phase der Wiederholung ein. Nun ist es ausschlaggebend für die Fortführung des

Zwiebeln setzen auf dem Einzelbeet in Klasse 6.

Unterrichts im Garten, dass die bekannten Arbeiten differenzierter betrachtet und ausgeführt werden, dass neue Aspekte hinzukommen. Dafür eignen sich unter anderem besonders gut Einzelbeete. Durch die Vergabe eigener Beete entwickeln die Schülerinnen und Schüler fast immer ein verstärktes Verantwortungsgefühl und Diskussionen, warum «dies und jenes» getan werden muss, fallen weg.

Bereits im Februar kann mit den Schülerinnen und Schülern in Theorieeinheiten erarbeitet werden, was bei der Planung eines Beetes zu beachten ist: geeignete Gemüse- oder Blumensorten, Reihenabstände, die Bedeutung von Starkzehrern bzw. Schwachzehrern etc. Danach können die Kinder ihr Beet bereits auf dem Papier planen, bevor die Anzucht erster Pflanzen im Gewächshaus oder Frühbeet beginnt und die Beetflächen vorbereitet werden.

Normalerweise ergibt sich aus dieser Form der Beetverteilung, dass

Zwei Siebtklässlerinnen haben den Entwurf (auf Papier) für ihr Kräuter- und Blumenbeet im Frühling fertig gestellt.

Erste Aufgaben im Frühling: Gemeinsam werden die Beetflächen vermessen und Einzelplätze verteilt.

sich die Kinder jede Woche vorrangig um ihr Beet kümmern und die dort anstehenden Arbeiten verrichten. Da aber – je nach Witterung und Arbeitstempo – häufig noch Zeit zur Verfügung steht, kann auch immer wieder an anderer Stelle im Garten gemeinsam gearbeitet werden. So bleibt den Schülerinnen und Schülern im Bewusstsein, dass sich ihre Verantwortung über die eigene Beetfläche hinaus erstreckt. Außerdem werden sie herangezogen, sich gegenseitig zu helfen, wenn jemand schneller oder langsamer ist oder wenn jemand in einer Stunde gefehlt hat.

Einzelbeete haben den Vorteil, dass die Schülerinnen und Schüler verstärkt mit ihrer eigenen Arbeitsweise konfrontiert werden. Im Gegensatz zur Arbeit in der Gruppe erlebt jedes Kind die direkten Auswirkungen seines Handelns. Niemand kann sich hinter Mit-

Schülerinnen einer 6. Klasse nehmen erste Saaten vor und orientieren sich dabei an ihren zuvor erstellten Beetplänen.

Zwei Sechstklässler pflegen ihre Beete.

schülerinnen und Mitschülern «verstecken» und zum Beispiel behaupten, andere hätten ungenau gesät oder gejätet, zu langsam gearbeitet oder die Jungpflanzen herausgerissen!

Ich habe in den letzten Jahren viele erstaunliche Erfahrungen mit der Arbeit an Einzelbeeten gemacht. Selbst Kinder, die sich zuvor im Gartenbauunterricht mit ihrem Engagement eher zurückgehalten haben, arbeiten jede Woche mit Ausdauer an ihren Flächen. Häufig kommen Schülerinnen oder Schüler in den Pausen, in Freistunden oder nach der Schule, um ihre Fläche zu kontrollieren und nachzuschauen, ob die Radieschen oder der Salat vielleicht schon wieder etwas gewachsen sind – oder ob vielleicht noch eine Kanne Wasser auf dem Beet verteilt werden muss!

Vor einigen Jahren kam es einmal zu der Situation, dass der Gartenbauunterricht an einem Morgen in den Hauptunterricht verschoben wurde. Um 8:00 Uhr wartete ich im Gartenbauraum auf die Schülerinnen und Schüler – doch niemand kam ... Ich begann mich zu ärgern und war auch irritiert, denn es hatte noch nie eine Gruppe bei mir zuvor geschwänzt. Also ging ich los, um mich auf die Suche nach den Kindern zu machen. Da ich sie nicht fand, entschloss ich mich nach einer Viertelstunde, die Zeit produktiv im Garten zu nutzen – ohne mich weiter zu ärgern! Und da arbeiteten doch tatsächlich alle an ihren Beeten und fragten ganz erstaunt: «Frau Kaufmann, wo waren Sie denn? Das Gerätehaus ist noch abgeschlossen ...»

## 7.2 Gemüseanbau

Es wird an den einzelnen Schulen sehr unterschiedlich gehandhabt, in welchen Klassenstufen welche thematischen Schwerpunkte im Vordergrund stehen. Letztendlich hängt dies auch von den zu unterrichtenden Klassenstufen und den Möglichkeiten des Schulgartens ab.

Allgemein lässt sich jedoch feststellen, dass sich der Anbau von Gemüse sehr gut als Einstieg in die Gartenarbeit eignet. Auch wenn die Schülerinnen und Schüler wenig Vorkenntnisse mitbringen und die Übung im Umgang mit den Arbeitsgeräten noch fehlt, so lassen sich trotzdem gute Ernteergebnisse erzielen. Viele Gemüsesorten sind robust und nehmen es nicht «übel», wenn ihre Aussaat und Pflege nicht ganz «fachgerecht» erfolgt. Außerdem können die meisten Gemüsesorten direkt ausgesät werden und verfügen über relativ großes Saatgut, welches einfach zu säen ist. Einige andere Gemüsesorten lassen sich sehr einfach pflanzen, wenn sie bereits im Frühbeet oder Gewächshaus vorgezogen wurden. Außerdem bietet es sich an – auch im Hinblick auf die Wachstumsperiode – beispielsweise mit dem Setzen von Kartoffeln zu beginnen und sich dann nach und nach zu Kulturen vorzuarbeiten, die mehr «Fingerspitzengefühl» bei der Aussaat und

Dieser Vergleich ist sehr beeindruckend für die Schülerinnen und Schüler!

Pflege benötigen: sozusagen von der Kartoffel über das Pflanzen von Salat und Kohlrabi, die Saat von Radieschen, Rettich, Rote Bete, Erbsen oder Mangold bis hin zu den Möhren!

Abgesehen von diesen Vorteilen, haben die meisten Kinder erst einmal zu Gemüse einen größeren Bezug als zu Kräutern oder Blumen. Sie kennen wenigstens einige Gemüsesorten durch den Einkauf im Laden sowie ihren Verzehr und entwickeln schnell Neugier daran, wie diese im Garten wachsen! Zumal leider viele Kinder – aller Gesellschaftsschichten – mittlerweile dem «Lila-Kuh-Phänomen» unterworfen sind: Sie wissen nicht, wie und wo Gemüse wächst! So habe ich in den letzten Jahren immer wieder Kinder erlebt, die erstaunt waren, dass Kartoffeln unter der Erde wachsen und nicht am Baum oder Busch! Andere Kinder gingen dagegen davon aus, dass Tomaten zur Ernte ausgegraben werden müssen! Diese Liste ließe sich unendlich

fortführen und zeigt nur, dass Kinder heutzutage kaum Berührungspunkte mit diesem Bereich haben: Wo sollen sie denn diese Erfahrungen auch sammeln können?

Da sich die Wachstumsperioden und Entezeiten der einzelnen Sorten über die gesamte Saison erstrecken, gibt es für die Schülerinnen und Schüler ständig etwas Neues zu entdecken! Schon früh können die ersten Sorten wie zum Beispiel Radieschen geerntet und noch vor Ort probiert werden! Selbst Kinder, die sich zu Hause standhaft weigern, Gemüse zu essen, verzehren in den meisten Fällen mit Freude die selbst angebauten und geernteten Produkte! Erstaunlich ist auch, wie wenig Gemüsesorten bei einzelnen Kindern bekannt sind! So ist es eine wunderbare Chance, gemeinsam erleben zu können, welche essbare Vielfalt die Natur hervorbringt: Dass es neben Tomaten, Gurken, Kartoffeln, Kohlrabi, Salat und Möhren auch Sorten wie Pastinaken, Mangold oder Mairübchen gibt. Darüber hinaus kann erlebbar gemacht werden, wie viele verschiedene Sorten es tatsächlich gibt, dass Kopf- und Eisbergsalat nur zwei von vielen Salaten mit unterschiedlichen Geschmacksnuancen, Blattformen und Farbgebungen sind, dass Kartoffeln in Form, Geschmack und Größe stark variieren können oder Tomaten nicht immer rot und rund sein müssen!

Gemüse und andere pflanzliche Ernteprodukte machen einen großen Anteil unserer täglichen Ernährungs- und Lebensgrundlage aus. So ist es immens wichtig, dass vermittelt wird, wo diese Grundnahrungsmittel herkommen, wie und wo sie wachsen und unter welchen Bedingungen sie erzeugt werden! Nur so ist es für die kommenden Generationen später möglich, sich differenziert und kritisch mit der weltweiten Situation der Nahrungsmittelproduktion auseinanderzusetzen, um diesbezüglich bewusst eigene Entscheidungen treffen zu können.

Je nachdem, wie groß ein Schulgarten ist und welche Lage, Bodenqualität etc. er aufweist, variieren die Anbaumöglichkeiten natürlich stark. An manchen Schulen stehen große Flächen zur Verfügung, die

◅ In der 5. Klasse im Frühling angebaut: die erste Möhrenernte vom Klassenbeet.

sich für den Anbau anspruchsvoller Kulturen eignen. In diesem Fall stellt sich die Frage, wie mit größeren Erntemengen – wenn sie über den Bedarf im eigenen Unterricht hinausgehen – sinnvoll verfahren werden soll. Denn es muss natürlich gewährleistet werden, dass keine überschüssigen Ernteprodukte verkommen, da dies den Grundsätzen des Unterrichtsfaches widerspricht und ethisch unverantwortlich ist! Doch ergeben sich in der Regel viele Möglichkeiten, die Ernteprodukte darüber hinaus einzusetzen: Es bieten sich der wöchentliche Verkauf an Eltern an (zum Beispiel mittags am Schulparkplatz), Verkaufsstände auf Schulfesten oder -basaren oder die regelmäßige Belieferung der Schulküche. Besonders schön ist natürlich, dass sich viele Gemüsesorten wunderbar einlagern oder konservieren lassen, sodass sie auch in den Wintermonaten verarbeitet oder verzehrt werden können!

## 7.3 Blumen, Kräuter, Heilpflanzen

Es gibt Schulen, an denen Blumen als Betätigungsfeld für die 5. oder 6. Klasse ausgewählt werden. Dabei steht der Aspekt im Vordergrund, dass sich Kinder in dieser Altersstufe besonders an der Blütenpracht erfreuen können. Im vorangegangenen Abschnitt wird deutlich, warum es mir selbst vorteilhafter erscheint, wenn mit der Gemüsegärtnerei begonnen wird.

Ich habe in den letzten Jahren die Erfahrung gemacht, dass sich der Bereich der Blumen (einjährige Sommerblumen, Kräuter, einige Heilpflanzen) gut eignet, um ihn in der 7. Klasse zu thematisieren. In diesem Alter und nach den bereits gesammelten Gartenerfahrungen ist es möglich, sich intensiver und genauer mit den einzelnen Pflanzen und ihren Nutzungsmöglichkeiten auseinanderzusetzen. Dabei bietet es sich an, die Schülerinnen und Schüler entweder Einzel-, Zweierbeete oder Flächen in kleinen Gruppen anlegen zu lassen. Dafür können sie

Eine gute Übung für 7. oder 8. Klassen bei kaltem oder nassem Wetter: das gemeinsame genaue Betrachten und Zeichnen von Pflanzen.

Blumenbeete bereichern den Garten ungemein …

im Vorfeld selbstständig (natürlich unter Anleitung) erarbeiten, welche Kriterien ihnen für die Auswahl wichtig sind: Blütenfarben, Nutzung als Schnittblumen, Bienenweide, Gartenkräuter oder Pflanzen für Teemischungen etc. In der 7. Klasse ist es bereits möglich, genauer zu schauen, welche Aspekte alle in der Planung eine Rolle spielen und warum.

Dieser Pflanzenbereich bietet nämlich vielfältige Möglichkeiten, die praktische Arbeit durch theoretisches Wissen zu ergänzen. Häufig wird behauptet, dass Jungen sich in diesem Alter nicht für Blumen begeistern können und dieser Bereich hauptsächlich von Mädchen angenommen wird. Meine Erfahrungen haben aber gezeigt, dass sich durchaus Interesse bei den Jungen entwickelt, wenn sie erleben, mit welchen verschiedenen Nutzungsaspekten das Thema verbunden ist: Da wird bei der Planung im Vorfeld kräftig mit Teampartnern

… und erfreuen die Kinder oft mehr als man denkt!

diskutiert, wie viel Platz einer Pflanze «eingeräumt» werden darf, damit die anderen «Wunschkandidaten» auch noch auf der Beetfläche ausreichend Platz finden. Immer wieder gibt es Jungen, die zum Beispiel darauf bestehen, dass die Lieblingsblumen der Mutter mit auf das Beet gepflanzt werden müssen …

Ein weiterer Vorteil, diesen Bereich erst in der 7. Klasse zu bearbeiten, besteht darin, dass die Anzucht von Sommerblumen viel Fingerspitzengefühl und sorgfältiges Arbeiten erfordert. So ist es in der Regel sinnvoll, die meisten einjährigen Sommerblumen in Anzuchtpaletten vorzuziehen, zu pikieren und später in Einzeltöpfe zu setzen, bevor sie in den Garten verpflanzt werden. Dies sind alles Aufgaben, die – im Vergleich zu den vorangegangenen Tätigkeiten im Gemüsebereich – differenziertere Arbeitsschritte verlangen und somit für die Schülerinnen und Schüler eine neue Herausforderung darstellen.

## 7.4 Anzucht, Direktsaaten, Pikieren

Sowohl bei einigen Gemüsesorten als auch bei Kräutern und einjährigen Sommerblumen ist es ratsam, diese erst im Frühbeet oder Gewächshaus vorzuziehen und nicht direkt auszusäen. Es gibt aber auch viele Sorten, bei denen beides möglich ist und in der Regel zum Erfolg führt.

Nun gibt es mehrere Kriterien zu beachten, um sich für den «richtigen» Weg zu entscheiden. Zuallererst entscheidet natürlich der zur Verfügung stehende Platz darüber (Frühbeete, Gewächshaus), inwieweit eine Voranzucht erfolgen kann. Auch die zur Verfügung stehenden Stunden sind nicht unbedeutend: Die Anzucht in Paletten, das Pikieren und Topfen benötigen einen deutlich größeren zeitlichen Aufwand als die direkte Saat in die Erde.

Es sollte einem bewusst sein, dass die Anzucht mit ihren ganzen notwendigen Arbeitsschritten einen wichtigen Erfahrungsbereich für die Schülerinnen und Schüler darstellt! Bei den verschiedenen Tätigkeiten werden die einzelnen Entwicklungsschritte vom Samenkorn bis zur kräftigen, entwickelten Pflanze viel intensiver wahrgenommen und beobachtet. Außerdem erleben die Kinder, wie viel Arbeit, Sorgfalt und Aufmerksamkeit notwendig sind, bis endlich eine blühende Pflanze oder ein kräftiger Salatkopf das Beet zieren.

Werden bestimmte Pflanzen direkt in die Flächen eingesät, birgt das die große Gefahr, dass zu viel Saatgut verwendet und unregelmäßig gesät wird. Wer schon einmal mit Schülern gesät hat, weiß, dass selbst bei ganz genauen Vorgaben häufig Fehler unterlaufen, Lücken in den Saatreihen auftreten oder ganze «Samennester» gelegt werden. Der Saatgutaufwand ist enorm hoch. Hinzu kommt, dass es den Kindern schwer fällt, die frisch gekeimten Pflänzchen von Wildkräutern zu unterscheiden – viele fallen dem Jäten zum Opfer. Solange im Gemüsebereich in Reihen gesät wird, kann dies relativ gut und genau mit



Foto S. 109: Die eigene Anzucht als Basis für die gemeinsame Schulgartenbepflanzung – hier können viele Entwicklungsstadien gut beobachtet und wichtige Arbeitsschritte erlernt werden. ▻

den Schülerinnen und Schülern durchgeführt werden. Bei Blumen und Kräutern besteht jedoch das Problem, dass sie meistens nicht in Reihen sondern in Gruppen stehen sollen und im Frühstadium schwerer von Beikräutern zu unterscheiden sind. Abgesehen davon, sind die jungen Pflänzchen sehr gefährdet, sofort nach der Keimung von Schnecken abgefressen zu werden, weshalb die Anzucht im Frühbeet oder Gewächshaus angestrebt werden sollte.

## 7.5 Kompostpflege

Der Kompostplatz ist (fast) der wichtigste Platz in einem ökologisch bewirtschafteten Garten. Damit spielt er natürlich auch in einem Schulgarten eine zentrale Rolle: Kein Ort ist so voller «Leben» wie ein Kompost! Besonders dann, wenn Rinder- oder Pferdemist nicht zur Verfügung stehen, stellt der Kompost die wichtigste Quelle für eine gute Düngung und Bodenverbesserung des Gartens dar!

Die Schülerinnen und Schüler kommen immer wieder im Laufe des Unterrichts mit dem Thema Kompost in Berührung: Da werden zum Beispiel Gemüseabfälle bei gemeinsamen Kochaktionen gesammelt und auf den Kompostplatz gebracht, wobei ganz nebenbei geklärt wird, was darauf darf und was nicht. Dann gibt es Stunden, in denen Kompost umgesetzt, durchmischt, gesiebt oder auf Beete verteilt wird. Dabei erleben die Kinder automatisch, wie aus gesammelten Resten wieder feuchte, krümelige und geruchsarme Erde wird!

Viele Kinder haben im Vorfeld jedoch unangenehme Assoziationen zu diesem Thema! Sie verwechseln Kompost mit Mist oder haben anderswo die Erfahrung gemacht, dass Kompost unangenehm riechen kann, je nachdem, wie sorgsam er aufbereitet wurde. Umso bedeutsamer ist es also, sich intensiv mit diesem Bereich zu befassen und den Kindern die große Bedeutung dieses Platzes zu vermitteln!

Kompost sieben, schaufeln, Schubkarren fahren: Bei vielen Jungen beliebte Tätigkeiten, bei denen sie ihre körperlichen Kräfte beweisen und nutzen können.

Auf unterschiedlichen Ebenen können der Kompost und seine Bedeutung für den Garten thematisiert werden! Zum einen sollten alle Klassenstufen durch praktisches Arbeiten mit ihm in Berührung kommen: durch das Sieben und Verteilen im Garten oder das Sammeln von Pflanzenabfällen für den Kompostplatz. Dabei muss beachtet werden, dass jüngere Klassenstufen körperlich nicht überfordert werden: So kann das Befüllen und Wegfahren von mit Komposterde beladenen Schubkarren körperlich zur Überlastung führen! Da die Schülerinnen und Schüler solche Arbeiten aber in diesem Alter trotzdem gerne tun, müssen einfach der Zeitraum und die Menge pro Karre entsprechend «dosiert» werden. Eine 7. Klasse dagegen hat in der Regel weniger Freude an dieser Aufgabe, kann aber einmal richtig herausgefordert werden, große Mengen «wegzuschaffen»!

Reicht die eigene Kraft nicht, so ist Teamarbeit gefragt.

Von Beginn an sollte mit den Schülerinnen und Schülern besprochen werden, warum es einen Kompostplatz gibt und was dort mit den gesammelten Resten geschieht. Außerdem natürlich, was alles auf einen Kompost gehört, welche Dinge nicht und warum. Auch kann gemeinsam der Verrottungsprozess vor Ort verfolgt werden: Was geschieht in welcher Phase (Temperaturunterschiede feststellen), Betrachtung von Tieren bzw. Würmern im Kompost etc.

Ab Klasse 7 könnte dann das Thema einmal genauer bearbeitet werden (Heftarbeit im Winter bietet sich an): die Auseinandersetzung mit dem Kreislaufgedanken – auch über den Kompost hinaus – einige Zahlen und Fakten zu den Zersetzungsprozessen, beteiligten Mikroorganismen, Würmern etc. Befasst man sich selbst mit diesem Bereich einmal genauer, so zeigt sich schnell, wie unendlich vielschichtig man dieses Thema in den Unterricht mit einbeziehen kann und sollte!

## 7.6 Tierhaltung

An manchen Schulen werden im Rahmen des Gartenbaus auch Tiere gehalten: von der Biene über Kaninchen, Hühner, Enten bis hin zu Schafen, Ziegen und Schweinen! Das ist natürlich vorrangig vom vorhandenen Platz abhängig, aber auch die finanziellen Möglichkeiten und die Betreuungssituation der Tiere spielen eine wichtige Rolle!

Wenn es an einer Schule möglich ist, Tiere zu halten – und seien es auch nur wenige – so stellt dies eine wunderbare und bereichernde Ergänzung des Gartens dar! Durch die Anwesenheit von Tieren wird der Garten zusätzlich belebt und Schülerinnen und Schüler steigen in der Regel schneller und stärker in das Fach ein, weil sie über die Tiere seelisch sofort eine «Anbindung» finden! Grundsätzlich fällt es den meisten Menschen leichter, eine Bindung zu Tieren aufzubauen als zu Pflanzen, doch bei Kindern ist dies besonders spürbar, wenn sie sich sofort begeistert anwesenden Tieren zuwenden, diese beobachten, streicheln, pflegen oder füttern wollen!

Die Haltung von Tieren bietet die Möglichkeit, den Unterricht durch tierpflegerische Aufgaben zu ergänzen, beispielsweise dadurch, dass immer wechselnde Kinder den sogenannten «Stalldienst» machen und die Tiere ausmisten, einstreuen oder mit Wasser und Futter versorgen müssen. Es lässt sich dabei sehr schön erleben, wie die Kinder ganz selbstverständlich Verantwortung übernehmen und sich ausgesprochen darum bemühen, alles gut und richtig zu machen. Besonders Schülerinnen oder Schüler, die manchmal im Unterricht schwer erreichbar sind, zeigen bei diesen Aufgaben oft eine große Selbstständigkeit und Verlässlichkeit!

Abgesehen davon, erleben die Schülerinnen und Schüler auf diese Weise, welche nützliche Rolle Tiere (und ihr Mist) in einem Nutzgarten spielen und inwieweit auch hier eine Form von Kreislauf entstehen kann bzw. sollte! Daraus ergibt sich automatisch, dass es bei

der Tierhaltung im Rahmen des Gartenbauunterrichts nicht um die Etablierung eines «Streichelzoos» gehen kann: Es muss gut überlegt werden, welche Tiere an den eigenen Standort passen und den Gartenbauunterricht sinnvoll ergänzen!

Die Tierhaltung bringt Fragen mit sich, denen an einer Schule eine deutlich größere Bedeutung zukommt als im privaten oder landwirtschaftlichen Bereich: Wie wird mit alten oder kranken Tieren umgegangen? Werden die Tiere geschlachtet und ihr Fleisch genutzt? Wird gezüchtet – und was passiert dann mit den Jungtieren? Es darf keinesfalls unterschätzt werden, welche Emotionen mit diesen Themen verbunden sind und besonders an einer Schule schnell «Hysterien» auslösen können! Deshalb muss sorgfältig überlegt werden, wie damit umgegangen wird und wie sowohl bei den Kindern als auch bei den Eltern für einen guten Umgang mit dem Thema gesorgt werden kann!

Auch ein Hund kann den Unterricht sehr bereichern: Die «Bergstedter Gartenbau-Hündin» Akita hat schon häufig eine beruhigende Wirkung auf Kinder ausgeübt

Der Tod ist in unserer Gesellschaft ein schwieriges Thema, das häufig verdrängt wird. Beobachtet man die Entwicklung, so wird in vielen Bereichen (z.B. Medizin, Sport, Ernährung) alles Erdenkliche dafür getan, den natürlichen Alterungsprozess, Krankheiten und den Tod möglichst weit hinauszuzögern. Selbst in der Haustierhaltung wird durch Nahrungsergänzungsmittel, medizinische Angebote und diverse Operationsmöglichkeiten das Leben von Meerschweinchen, Kaninchen, Katzen und Hunden so lange wie möglich erhalten – ohne immer zu hinterfragen, ob dies für das Tier sinnvoll ist!

So kann es sein, dass Schülerinnen und Schüler durch die Nutztierhaltung im Schulgarten erstmals bewusst mit der kritischen Auseinandersetzung zu den Themen «Tod» und «Krankheit» oder der Frage «Wo kommt unser Fleisch her?» konfrontiert werden. Das birgt natürlich viele Chancen, sich intensiv mit unterschiedlichen Gesichtspunkten und Handlungsmöglichkeiten auseinanderzusetzen und diese im Unterricht zu thematisieren! Wichtig ist jedoch, dass dies auch ausführlich geschieht, wenn Tiere im Rahmen des Gartenbauunterrichts gehalten werden sollen! Es gibt zum Beispiel Schulen, an denen die gehaltenen Tiere regelmäßig geschlachtet werden (Kaninchen, Ziegen etc.) und deren Fleisch innerhalb der Elternschaft vermarktet wird. Doch dies kann nur funktionieren, wenn eine regelmäßige und offene Thematisierung auch in der Elternschaft (zum Beispiel auf Elternabenden) erfolgt!

An jeder Schule wird es sehr unterschiedlich gehandhabt, inwieweit die Elternschaft in bestimmte Fragen einbezogen wird bzw. welche Bereiche und Entscheidungen aktiv und bewusst mitgetragen werden. Von manchen Schulen wird berichtet, dass die Beteiligung an der Betreuung von schuleigenen Tieren hervorragend und zuverlässig läuft und die «Nutzung» der Tiere akzeptiert wird. An anderen Schulen ergeben sich große Konflikte, sobald ein Tier eingeschläfert oder geschlachtet werden soll. Auch wurde mit den Seuchen der letz-

Eine ganz besondere Freundschaft!

ten Jahre ganz unterschiedlich umgegangen. So gab es in der Zeit der Vogelgrippe an verschiedenen Schulen besorgte Eltern, die ihren Kindern untersagen wollten, am Gartenbauunterricht teilzunehmen, weil sich Hühner und Enten im Schulgarten befanden! Während der Ehec-Erreger in Deutschland kursierte, kam es bei mir im Unterricht vor, dass eine Mutter den Salat vom eigenen Beet ihrer Tochter zuhause direkt im Müll entsorgt hat.

Besteht der Wunsch, Tiere an der eigenen Schule zu halten, so sollte dies im Vorfeld sorgfältig geplant und gut überlegt werden: Mit diesem Bereich übernimmt die zuständige Gartenbaulehrerin bzw. der Gartenbaulehrer eine weitere große Verantwortung! Denn die Tiere müssen betreut werden – auch an Wochenenden und in den Ferien. Und wenn es vielleicht bei Pflanzen nicht ganz so schlimm ist, wenn das Gießen einmal ausfällt, so kann man bei Tieren keine Ausnahmen gelten lassen!

Natürlich gibt es die Möglichkeit, dass Kinder bzw. Familien der Schule «Patenschaften» übernehmen und sich in den Ferien um die Versorgung kümmern. Man sollte sich jedoch darauf nicht vollkommen verlassen – es kann immer sein, dass die Betreffenden plötzlich einen «Rückzieher» machen und dann die eigene Freizeitplanung zurückgestellt werden oder großer organisatorischer Aufwand für Ersatzkräfte betrieben werden muss. Dabei hängt der Grad des Aufwands natürlich auch von der gehaltenen Tierart und der Anzahl der Tiere ab. Des Weiteren muss sichergestellt werden, dass auch bei wechselnden Personen die Fütterung trotzdem in richtiger Weise erfolgt. Die Tiere können schnell erkranken, wenn sie falsches Futter oder falsche Mengen verabreicht bekommen!

Eine andere Möglichkeit ist das umgekehrte Prinzip: Der Gartenbaubereich übernimmt eine Patenschaft für Tiere, stellt sozusagen den Platz zur Verfügung und kümmert sich in der Schulzeit um die Pflege. So gab es an unserer Schule beispielsweise einen Hausmeister, der aus persönlichen Gründen zuhause keinen Platz mehr für seine Kaninchen hatte. Sie bekamen einen Stall und Auslauf im Schulgarten und wurden im Unterricht versorgt. Am Wochenende und in den Ferien kümmerte sich der Hausmeister selbst um seine Tiere. Außerdem gab es eine Schülerin, die in der Nähe der Schule wohnte und sich lange Zeit an den Wochenenden um die Versorgung kümmerte. An einer anderen Schule wurde einem älteren Herrn Fläche für seine Tiere zur Verfügung gestellt. Im Gegenzug kümmerte er sich viele Jahre um die Versorgung der schuleigenen Tiere am Wochenende und in den Ferien.

In unserer Schule gab es immer wieder Menschen, die ihren Bienenstock im Schulgarten stehen hatten, sodass Bienen gehalten werden konnten, ohne dass ich mich persönlich darum kümmern musste. Leider erfolgte die Betreuung durch die entsprechenden Personen nicht sehr zuverlässig, sodass die Freude an den fleißigen Tieren jeweils nur von begrenzter Dauer war! Also muss auch in diesem Bereich genau geschaut werden, wie man eine langfristige und zuverlässige Betreuung gewährleisten kann. Fragt man in der eigenen Region herum, so wird es jedoch in der Regel möglich sein, beispielsweise einen richtigen Imker zu finden, der einen Teil seiner Bienen im Schulgarten unterbringt – denn häufig sind die Plätze für die Haltung rar und Imker dankbar für diese Möglichkeit!

Über die zuverlässige Betreuung der Tiere hinaus ist die Finanzierung dieses Bereiches ein nicht zu unterschätzender Faktor: Neben den nötigen Investitionen zu Beginn – Stall, Zäune etc. – sind laufende Kosten zu beachten! So muss in der Regel das Futter ganz oder zum Teil zugekauft werden (Getreide, Heu, Stroh). Des Weiteren können neben regelmäßigen Behandlungen (Impfungen, Entwurmungen etc.) ungeplante hohe Tierarztkosten auftreten! Außerdem muss abgeklärt werden, ob bestimmte Versicherungen notwendig sind. Es sollte also eine Zusage der Schule geben, langfristig für diese Kosten aufzukommen, sodass nicht die Gefahr besteht, dass man sich von Jahr zu Jahr «hangeln» muss!

Letztendlich lässt sich nur in der Praxis feststellen, ob die Haltung und Betreuung von Tieren an der eigenen Schule dauerhaft funktioniert. Im Vorfeld sollten aber alle Faktoren unbedingt genau durchdacht werden, um das Risiko des Scheiterns gering zu halten! Für die Schülerinnen und Schüler ist es nicht schön zu erleben, dass die Tiere wegen unzuverlässiger Betreuung erkranken oder sogar wieder abgeschafft werden müssen! Abgesehen davon, wäre dies pädagogisch gesehen kontraindiziert!

Gemeinsames Herstellen von Apfelringen.

## 7.7 Herbst- und Winterarbeiten

Der Winter ist die Jahreszeit des Rückzugs – nicht nur für die Vegetation, sondern auch für die Menschen. So wie sich in früheren Zeiten das landwirtschaftliche Leben hauptsächlich in den warmen Häusern abspielte und die kalte, dunkle Jahreszeit genutzt wurde, um häuslichen und handwerklichen Arbeiten nachzugehen, zur Ruhe zu kommen und alles für die nächste Saison vorzubereiten, so spielt diese Zeit für andere Dinge auch im Gartenbauunterricht eine besondere Rolle. Wenn im Herbst die Arbeiten im Garten abgeschlossen sind, steht plötzlich Zeit zur Verfügung.

Der Unterrichtsgestaltung in den Wintermonaten sind kaum Grenzen gesetzt: Hier bleibt es der einzelnen Lehrkraft überlassen, entsprechend ihren eigenen Fähigkeiten und Vorlieben die Zeit interessant, sinnvoll und kreativ zu gestalten. Dabei sollte der Bezug zum Fachbereich im Vordergrund stehen; allerdings bieten sich so viele unterschiedliche Betätigungsfelder an, dass es kaum möglich ist, sie alle zu nutzen! Aus diesem Grund ist es in diesem Kapitel auch nicht möglich, alle geeigneten Arbeiten vorzustellen und zu erläutern. Es können nachfolgend lediglich einige Beispiele dargestellt werden, aus denen sich eigene Ideen entwickeln lassen.

### 7.7.1 Kerzenziehen

Das Kerzenziehen ist eine sehr beliebte Tätigkeit an vielen Schulen. Ursprünglich besteht der Bezug zum Fach Gartenbau durch die Haltung von Bienen im Schulgarten und die intensive Beschäftigung mit diesen fleißigen Tieren im Unterricht. Auch wenn nicht alle Schulen selbst Bienen halten, so hat sich doch das Kerzenziehen vielerorts eingebürgert. Das liegt unter anderem daran, dass diese – fast therapeutische – Betätigung eine geradezu magische Anziehungskraft auf Kinder ausübt. Das meditative Arbeiten in einem gemütlich-warmen Raum (durch die Wachsschmelzgeräte), umgeben von dem Duft des Wachses, führt dazu, dass die Schülerinnen und Schüler eine ungeahnte Ausdauer entwickeln und über mehrere Wochen nicht müde werden, immer wieder Kerzen zu ziehen! Besonders in der Adventszeit bietet sich diese Arbeit hervorragend an – einerseits durch die besinnliche Stimmung, andererseits dadurch, dass in den dunklen Monaten die Nutzung von Kerzen eine besondere Bedeutung erfährt.

Unterrichtet man regelmäßig in der oberen Mittelstufe, so kann man recht schnell feststellen, dass in diesem Alter Fähigkeiten wie Ausdauer, Genauigkeit, Gelassenheit und Konzentration nicht zu den vorrangigen Verhaltensweisen gehören! Gleichzeitig wird aber über Inhalte des Lehrplans immer wieder versucht, genau diese Bereiche anzusprechen und zu fördern. Das Kerzenziehen passt daher gut in

Sechstklässler beim Kerzenziehen in der Adventszeit.

diese Klassenstufen und stellt eine ganz besondere Möglichkeit dar, diese Fähigkeiten zu üben – nämlich mit Freude! Führt das «Pochen» auf sorgfältiges und konzentriertes Arbeiten seitens der Schülerinnen und Schüler sonst eher zu lautem «Stöhnen», so stellen sich diese gewünschten Verhaltensformen beim Kerzenziehen fast von alleine ein: Denn hektisches Vorgehen, eine unruhige Hand oder abgelenktes Verhalten hinterlassen sofort fehlerhafte Spuren auf den Kerzen! Ganz schnell erkennen die meisten Schülerinnen und Schüler diesen Zusammenhang von selbst und passen ihre Arbeitsweise entsprechend an!

Eine Besonderheit bei der Herstellung von Kerzen ist, dass diese Tätigkeit unabhängig von den bereits ausgebildeten handwerklichen Fähigkeiten stets zum Erfolg führt! Auch wenn die fertig gestellten Kerzen letztendlich in ihrem äußeren Erscheinungsbild variieren und nicht immer ganz gerade geraten oder eine glatte Oberfläche aufwei-

Kerzenziehen als Winterarbeit in der 6. Klasse.

sen, so sind sie jedoch alle nutzbar und brennen gleichermaßen! Diese Tatsache verhilft besonders motorisch schwächeren Kindern, die in anderen handwerklichen Fächern Schwierigkeiten haben, ihre Werkstücke fertig zu stellen, zu Erfolgserlebnissen!

Eine gute Einführung in diese Arbeit ist die Voraussetzung für die oben genannten Erfolge! Im Vorfeld muss verdeutlicht werden, dass das Kerzenziehen etwas ganz Besonderes und Wertvolles darstellt: Sowohl die Schmelzgeräte, das technische Zubehör als auch das Bienenwachs sind mit hohen Kosten verbunden! Abgesehen davon, ist Bienenwachs ein Rohmaterial, welches – besonders in der aktuellen Situation des Bienensterbens – eine große Wertschätzung erfahren sollte!

Es bietet sich demnach an, das Kerzenziehen mit einem gewissen «Anspruch» zu verbinden und recht «professionell» zu betreiben: Neben den Kerzen, welche die Kinder für sich selbst herstellen dürfen, lassen sich sehr gut Kerzen für den Verkauf produzieren! So werden die Schülerinnen und Schüler einerseits dazu angehalten, möglichst fehlerfreie Kerzen herzustellen und sich bei der Arbeit Mühe zu geben (als Ansporn kann zum Beispiel die Regelung dienen, dass die ersten fertigen schönen Kerzen in den Verkauf gehen und erst danach eigene Kerzen gemacht werden dürfen), andererseits kann über den Verkauf ein Großteil der Kosten gedeckt werden! Denn der Verkauf von selbst gezogenen Kerzen auf Winterbasaren hat sich an vielen Schulen sehr bewährt: Sie werden gerne, in großen Mengen und zu relativ hohen Preisen gekauft.

Wie bereits erwähnt, ist das Kerzenziehen mit hohen Ausgaben verbunden. Stellt jedes Kind mehrere Kerzen her, so werden große Mengen Wachs und Dochte benötigt, was den finanziellen Rahmen des Gartenbaufaches schnell sprengen kann! Aus diesem Grund bietet es sich an, die fertigen Kerzen nicht kostenlos an die Schülerinnen und Schüler abzugeben. An vielen Schulen wird es so gehandhabt, dass die Kinder den Einkaufspreis des benötigten Wachses bezahlen

In der Regel sind die Schülerinnen und Schüler ganz vertieft in die Arbeit.

Das Ergebnis fleißiger Arbeit und unzähliger Stunden!

müssen (die Kerzen werden ausgewogen). Dieses Vorgehen hat außerdem noch weitere Vorteile: Dadurch können die Schülerinnen und Schüler nebenher das Wiegen und Berechnen von Preisen sowie das Ausrechnen der Wechselgeldsummen üben, außerdem gehen sie bewusster vor, überlegen genau, welche Mengen und Größen von Kerzen sie benötigen oder eventuell verschenken möchten und geben sich bei der Arbeit noch mehr Mühe!

Natürlich ist es ebenfalls möglich, diese Tätigkeit erst einmal in «kleinerem Rahmen» zu beginnen. Auch mit einfachen Wachsschmelztöpfen und einer improvisierten Ausstattung lässt sich diese Arbeit im Unterricht durchführen und kann sich großer Beliebtheit erfreuen! Wichtig ist dabei aber immer, die Ausstattung so zu konzipieren, dass alle Kinder ausreichend Platz zum Arbeiten haben und sich keine langen Wartezeiten ergeben: Müssen die Schülerinnen und Schüler lange mit einzelnen Kerzen anstehen oder sich an den Wachstöpfen drängeln, erfolgt daraus schnell eine – dem Kerzenziehen sehr abträgliche – Unruhe! Es schleichen sich Tauchfehler ein oder einzelne Kinder kommen auf die Idee, Unfug mit dem Wachs und den Kerzen anzustellen. Man sollte immer im Hinterkopf behalten, worin der pädagogische Sinn der Tätigkeit liegt und dafür sorgen, dass dieser nicht verloren geht!

Das Tauchen von Kerzen wird vielerorts auch in Kindergärten oder auf Schulfesten und Basaren als beliebte Aktion für alle Kinder angeboten. Findet es jedoch im Unterricht statt, so stehen ein anderer Anspruch und ein anderes pädagogisches Ziel dahinter!

Da das Kerzenziehen im Rahmen des Unterrichts recht qualifizierte Vorkenntnisse erfordert und es auf viele Details ankommt, damit es mit Schulklassen gut gelingt, kann es an dieser Stelle leider nicht ausreichend behandelt werden. Letztlich ist aber dringend zu empfehlen, sich von Fachkolleginnen oder -kollegen, die in diesem Bereich erfahren sind, in diese Arbeit einweisen und in Sachen notwendiger Ausstattung beraten zu lassen.

### 7.7.2 Kochen und Verarbeitung von Ernteprodukten

Mit dem Anlegen eines Schulgartens und der damit verbundenen regelmäßigen Bewirtschaftung geht automatisch der Ertrag verschiedener Ernteprodukte einher: allerlei Gemüsesorten, verschiedene Früchte, Kräuter oder Heilpflanzen. Je nachdem, wie groß die bebaute Fläche ist und welche Kulturen dort gedeihen, können sich große Erntemengen ergeben, die nicht direkt im Unterricht verbraucht bzw. gemeinsam verzehrt werden können. Deshalb ist es sinnvoll und schön, beim Anlegen des Gartens darauf zu achten, dass eine gewisse Nutzpflanzenvielfalt vorhanden ist und ein Teil der Fläche mit lagerfähigem Gemüse bebaut wird. So ist es möglich, einen Teil der Ernte gemeinsam mit den Schülerinnen und Schülern in den Herbst- und Wintermonaten zu verarbeiten und einen Vorrat anzulegen, damit die Kinder auch im Winter zwischendurch in den Genuss kommen, ihre selbst erwirtschafteten Ernteprodukte zu genießen!

Die Möglichkeiten in diesem Bereich sind unendlich vielfältig und der Kreativität kaum Grenzen gesetzt:

- Äpfel oder Quitten entsaften
- Quittenbrot herstellen
- Apfelmus kochen oder Apfelringe dörren
- Gelees kochen
- Öl pressen
- Senf herstellen
- Kürbis, Rote Bete oder Gurken in Gläsern einmachen etc.

Sind zum Beispiel Kartoffeln, Möhren, Kürbis, Zwiebeln, Rote Bete, Kohl etc. eingelagert, so lässt sich damit etwas Leckeres zaubern, was am Ende einer Stunde gemeinsam verspeist werden kann! Befasst man sich einige Zeit mit diesem Thema, stöbert in neuen und alten Büchern oder fragt Kolleginnen und Kollegen, so wird man immer mehr

Die gemeinsame Verarbeitung von Ernteprodukten …

Ideen entwickeln und feststellen, wie viele Variationsmöglichkeiten und auch regional verschiedene Rezepte es gibt!

Grundsätzlich lässt sich feststellen, dass dieses Betätigungsfeld bei Schülerinnen und Schülern aller Altersstufen sehr beliebt ist! In der Regel lassen sich die Kinder – Jungen und Mädchen gleichermaßen – schnell dafür begeistern, Obst und Gemüse zu schneiden, in Töpfen zu rühren und zu erleben, wie mit wenigen Handgriffen leckere Dinge aus dem entstehen, was sie vorher mit viel Mühe im Garten angebaut und gepflegt haben! Die Verarbeitung der Ernteprodukte und das gemeinsame Verspeisen sind sozusagen die Belohnung der Arbeit aus der vorangegangenen Saison und bringen den vorherigen Einsatz zu einem sinnvollen Abschluss!

Ganz nebenher werden bei der Verarbeitung der Ernteprodukte alltägliche Handgriffe der Küchentätigkeit erübt. Denn es ist immer

… ist eine beliebte Arbeit …

… und schafft große Mengen weg.

häufiger zu beobachten, dass viele Kinder zu Hause nicht mehr regelmäßig das gemeinsame Kochen und Essen erleben und selbst in der oberen Mittelstufe damit überfordert sind, ein Messer richtig einzusetzen, einen Apfel zu schälen oder eine Zwiebel in Würfel zu schneiden! Viele Kinder lernen bestimmte Gemüsesorten oder Zubereitungsarten erstmals im Unterricht kennen oder erleben, dass Selbstgemachtes (im Vergleich zu Fertigprodukten, Fastfood & Co.) ganz anders und besonders lecker schmecken kann!

Das Kochen und die Verarbeitung bzw. Konservierung von Ernteprodukten kann in allen Altersstufen erfolgen. Es muss lediglich darauf geachtet werden, dass die einzelnen Arbeitsschritte und Prozessabläufe dem Alter und den Erfahrungen der Schülerinnen und Schüler angepasst sind. So kann beispielsweise eine 6. Klasse, die erstmals in diesem Bereich tätig wird, sehr gut als Gruppe große Mengen verarbeiten: Äpfel schälen und schneiden für Apfelringe oder Apfelmus, Kohl für Sauerkraut zerkleinern und eventuell stampfen, Gemüse verarbeiten für einen großen Topf Suppe oder zum Einkochen! Dabei werden einfache und überschaubare Handgriffe und Abläufe erlernt und geübt, die zum späteren Zeitpunkt für komplexere Arbeitsprozesse und Rezepte Voraussetzung sind!

In Klasse 7 und 8 ist es dann auch möglich, die Aufgaben zu differenzieren – beispielsweise durch das selbstständige Arbeiten nach Rezeptvorlagen, das Herstellen und Abfüllen von Marmeladen oder Gelees in Zweierteams oder das eigenständige Kochen in einer kleinen Gruppe (während die anderen eventuell draußen arbeiten), um am Ende der Stunde gemeinsam zu essen.

Eine weitere Möglichkeit, die auch zunehmend an verschiedenen Schulen Anklang findet, besteht darin, in Klasse 8 einen Schwerpunkt auf das Thema «Kochen und Verarbeitung von Ernteprodukten» zu legen: Dies wäre sozusagen die logische Schlussfolgerung nach dem vorangegangenen Anbau von Nutzpflanzen, deren Pflege und Ernte!

Die Schülerinnen und Schüler können abschließend erleben, wofür die Arbeit getan werden musste und welche Produktvielfalt aus dem eigenen Garten entstehen kann!

An der Schule, an der ich tätig bin, hat sich das Kochen «aus der Not heraus» als fester Bestandteil des Gartenbauunterrichts eingebürgert: Der Schulgarten ist für alle Klassen einfach zu klein! Deshalb war es nicht möglich, für Stufe 8 ausreichende Aufgaben im Garten bereitzustellen, die über das bisher Erlebte und Gelernte hinausgingen und den Bedürfnissen dieser Altersgruppe gerecht wurden. Anfängliche Kochversuche im Unterricht – mit sehr spartanischer Ausstattung – lösten sofort eine Welle der Begeisterung aus: Jungen und Mädchen waren gleichermaßen mit Feuereifer bei der Sache, von «pubertärer Unlust» keine Spur, Disziplinprobleme kaum noch ein Thema! Mittlerweile gibt es eine gut ausgestattete Küche im Unterrichtsraum und das Kochen findet in zwei sechswöchigen Epochen – abwechselnd mit Handarbeiten und Werken – statt. Dabei erfolgt der Unterricht nach einem klaren Aufbau des Schwierigkeitsgrades: Begonnen wird mit Geruchs- und Geschmackstest, gefolgt von Kräuter- und Gewürzkunde über einfache Grundlagen, wie Kräuterbutter herstellen, Gemüse dünsten, einfache Suppen kochen oder gemeinsam Brot backen, hin zu dem Arbeiten nach eigenen Wünschen und Rezeptvorlagen.

Betreibt man das Kochen in einer Klassenstufe intensiver, so muss man sich der Grundsatzfrage stellen, welche Produkte im Unterricht verwendet werden dürfen: Sollen nur Produkte aus dem eigenen Schulgarten verwendet werden? Oder kauft man darüber hinaus Lebensmittel zu? Werden nur Bio-Lebensmittel verwendet oder dürfen es auch konventionelle Produkte aus dem Supermarkt sein? Es ist natürlich anzustreben, möglichst bewusst und konsequent bei der Auswahl vorzugehen und dies auch im Unterricht zu thematisieren, doch sollte unbedingt das pädagogische Ziel bei der Entscheidung im Vordergrund stehen: Welche Produkte stehen in welchen Men-

Schülerinnen und Schüler einer 8. Klasse kochen in Teams nach verschiedenen Rezepten.

gen aus dem Garten zur Verfügung und reichen diese aus, um mit einer gewissen Vielfalt zu kochen und zu verarbeiten? Welche Gelder stehen zur Verfügung, um Lebensmittel zuzukaufen? In einer einzigen Doppelstunde werden große Mengen von Lebensmitteln benötigt, damit alle Schülerinnen und Schüler tätig werden können – das ist mit Kosten verbunden! Auch wenn es möglich ist, dass die Eltern einen kleinen Kostenbeitrag entrichten, deckt dies nicht die Ausgaben, sodass überlegt werden muss, inwieweit zum Beispiel regionale und ökologisch erzeugte Lebensmittel erschwinglich sind! Ich halte es in der heutigen Zeit in erster Linie für wichtig, dass die Kinder *überhaupt* die Gelegenheit erhalten, die Grundlagen des Kochens zu erlernen und selbst hergestellte Produkte zu erleben und zu verköstigen – bevor dieser Bereich aus Kostengründen bzw. ökologisch motivierten Prinzipien ganz wegfällt!

Jede Schülerin bzw. jeder Schüler «kreiert» die eigene Pizza nach Wunsch!

Soll das Kochen und Verarbeiten von Lebensmitteln zukünftig neu in den Unterricht integriert oder intensiviert werden, so wird natürlich eine gewisse Grundausstattung benötigt. Dabei ist es erstaunlich, mit wie wenigen Mitteln bereits begonnen werden kann: Ein Zwei-Platten-Herd, etwas Geschirr, Besteck, einige Töpfe – und es kann mit vielen Dingen schon losgelegt werden! Lohnenswert ist es, einen Aufruf in der Elternschaft zu starten. Es ist erstaunlich, was in Kellern und auf Dachböden so alles lagert: Schnell ist unter Umständen eine Küchenausstattung beisammen! Auch Einmachgläser lassen sich auf diesem Wege kostenfrei sammeln! Nach einem Aufruf vor fast 10 Jahren stellen mir immer noch regelmäßig einige Familien gesäuberte, leere Gläser und Flaschen mit Twist-off-Deckel vor die Tür des Gartenbauraumes!

### 7.7.3 Kräutersalz-Herstellung

Die Herstellung von Kräutersalz soll hier noch einmal gesondert vom Kochen thematisiert werden, da sie einige besonders erwähnenswerte Qualitäten mit sich bringt! Kräutersalz gehört fast immer im Gartenbauunterricht zum festen Programm, da es schnell, einfach und kostengünstig zu realisieren ist. Verschiedene Kräuter finden sich in jedem Schulgarten und grobes Meersalz lässt sich einfach beschaffen. Lediglich ausreichend Mörser müssen für alle Kinder vorhanden sein!

Das Schöne bei der Herstellung von Kräutersalz ist, dass die Zusammensetzung der Kräuter – je nachdem, was gerade zur Verfügung steht – variabel ist und immer eine schmackhafte Variante entsteht! Hier kann nach Lust und Laune experimentiert werden! Liebstöckel, Petersilie, Selleriekraut, Thymian, Rosmarin, Bohnenkraut, Salbei, Basilikum, Schnittlauch – aber auch bestimmte Wildkräuter oder Blüten lassen sich verarbeiten! Dabei lernen die Kinder natürlich die verschiedenen Kräuter kennen und stellen fest, dass sie schmackhaft verarbeitet werden können – auch wenn sie vorher einzeln vielleicht sehr intensiv im Geruch oder eher abstoßend im Geschmack gewirkt haben sollten! Denn Kräutersalz mag eigentlich jedes Kind!

Des Weiteren lässt sich in kurzer Zeit (einer Doppelstunde) eine relativ große Menge herstellen, die dann gut als Vorrat über das ganze Jahr genutzt werden kann: Trotzdem bleibt genug übrig, sodass alle aus der Gruppe ein Tütchen von ihrem eigenen Salz mit nach Hause nehmen können!

Die Technik ist simpel und kann auch in unteren Klassenstufen leicht umgesetzt werden! Die notwendigen Utensilien sind in der Regel vorrätig und es bedarf keiner aufwändigen Vorbereitung. Deshalb kann die Herstellung von Kräutersalz immer mal spontan bei schlechtem Wetter oder im Winter eingeschoben werden. Dadurch, dass die Kräuter- und Salzmenge individuell berechnet werden kann, ist es relativ leicht genau einzuteilen, wie lange man sich mit dieser Aufgabe beschäftigen möchte: Man stellt dabei einfach langsamen Kindern eine kleinere Menge und schnelleren etwas mehr «Material» zur Verfügung! Das Besondere an dieser Tätigkeit ist, dass sie hervorragend in die Mittelstufe passt: Denn die Arbeit ist mit einer gewissen Anstrengung verbunden und es werden Ausdauer und Sorgfalt benötigt! Die Kinder erleben, wie mühsam es ist und wie lange gemörsert und gesiebt werden muss, bis sich eine relativ kleine Menge fertiges Kräutersalz in ihren Schälchen befindet! Es gibt auch Kolleginnen und Kollegen, die für die Herstellung elektrisch betriebene Mahlwerke oder Kaffeemühlen verwenden, um den Prozess zu beschleunigen (zum Beispiel, wenn größere Mengen für den Verkauf benötigt werden). Im Allgemeinen bietet es sich aber an, die «mühsame» Variante zu wählen, damit alle Schülerinnen und Schüler beschäftigt sind, sich mit der Arbeit verbinden können und sich mit den – oben genannten – notwendigen Fähigkeiten auseinandersetzen müssen!

In der Regel sind die Kinder mit Feuereifer bei der Sache, ganz in die Arbeit und die damit verbundenen Gerüche der zerkleinerten Kräuter vertieft. Schnell wird der Inhalt des eigenen Mörsers mit dem der Nachbarn verglichen, geschaut, welches Kräutersalz feiner ist und wer am schnellsten vorankommt! Dann ist es eine besondere Freude, wenn am Ende der Stunde Knäckebrot mit Butter oder Gurken- und Tomatenstücken bereit stehen, um das gerade selbst hergestellte Salz zu probieren! Dürfen die Kinder Salz nach Hause mitnehmen, sind das in der Regel nur kleine Mengen, der oft wie ein Schatz gehütet werden: Immer wieder erzählen mir Eltern, dass das Kräutersalz aus dem Unterricht nur zu bestimmten Anlässen benutzt werden darf – beispielsweise zum Sonntagsei! An solchen Aussagen ist die hohe Wertigkeit zu erkennen, die dem Salz von Seiten der Kinder beigemessen wird.

### 7.7.4 Adventskranzbinden

Der Gartenbauunterricht bietet sich in der Regel gut für diese Tätigkeit an! Der Garten sollte zu dieser Zeit größtenteils winterfertig sein, sodass Zeit vorhanden ist, um im Unterricht Adventskränze herzustellen. Außerdem lässt sich ein direkter Bezug zur Arbeit im Freien herstellen: Der Rohling kann zum Beispiel aus selbst geschnittenen Weidenruten oder anderen Zweigen hergestellt werden. Tannengrün gibt es dagegen vermutlich nicht genug auf dem eigenen Gelände, aber es kann zum Beispiel in einer gemeinsamen Aktion aus dem Wald geholt oder beim zuständigen Forstamt angefragt werden, ob es möglich ist, kostengünstig etwas zu bekommen. Manchmal hat man auch das Glück, dass Eltern oder Kollegen der Schule gerade einen Nadelbaum im Garten fällen müssen und einem gerne das Grün überlassen.

Die «klassischen» Kränze aus Rohling und Tannengrün lassen sich wunderbar in verschiedenen Größen und für verschiedene Zwecke –

Adventskranzbinden als Gemeinschaftsaktion der Klassen 5 bis 12.

für zu Hause, für die Klassenräume oder den Verkauf – gemeinsam mit Schülerinnen und Schülern herstellen! Und für Eltern, die Kinder und Lehrkräfte stellt es natürlich etwas ganz Besonderes dar, wenn die Kränze, die im Schulhaus oder zu Hause im Advent täglich Beachtung finden, selbst hergestellt wurden!

Doch muss im Vorfeld gut geplant und einiges bedacht werden: Das Zeitfenster für die Herstellung der Kränze ist klein. Man kann nicht zu lange vorher mit der Arbeit beginnen – sonst ist der Kranz bereits zum ersten Advent kahl! Da der Gartenbauunterricht aber meistens nur einmal wöchentlich stattfindet, müssen die Kränze von der Größe so gestaltet sein, dass sie in einer Doppelstunde fertiggestellt werden können! Bei größeren Kränzen bietet es sich auch an, dass zwei Kinder gemeinsam an einem Kranz arbeiten (eines hält die Zweige, das andere wickelt den Draht). Auch bei jüngeren Schülerinnen und Schülern kann dies von Vorteil sein, wenn noch nicht die Kraft und ausreichend große Hände vorhanden sind, um das Material festzuhalten und gleichzeitig zu wickeln.

Des Weiteren müssen natürlich große Mengen an Zweigen in die entsprechende Größe zurechtgeschnitten werden. Dies ist aber zeitlich kaum in der Unterrichtsstunde zu schaffen, in der die Kränze gebunden werden sollen – es sei denn, mehrere Kinder arbeiten an einem Kranz und wechseln sich ab! Werden aber eigene Kränze für zu Hause hergestellt, so muss dies eventuell im Vorfeld durch die Lehrkraft geschehen. Eine weitere Möglichkeit ist, die Kollegen und Kolleginnen zu fragen, ob man Schülerinnen und Schüler für diese Sonderaktion «entleihen» kann.

Auch das Herstellen der Rohlinge erfordert Zeit. Diese müssen im Vorfeld gefertigt werden. Ist dies nicht möglich, so können sie aus Stroh und in verschiedenen Größen, relativ günstig in Baumärkten oder entsprechenden Geschäften erworben werden. Die Strohrohlinge haben den Vorteil, dass sie dicker sind als die selbst hergestellten und sich so leichter, gleichmäßiger und schneller umwickeln lassen.

Adventskränze können aber nicht nur in den regulären Unterrichtsstunden hergestellt werden: So habe ich beispielsweise in einem Jahr klassenübergreifend morgens im Hauptunterricht eine Aktion angeboten, in der jeweils zwei Schülerinnen und Schüler aus fast jeder Stufe kamen und für ihren Klassenraum einen Kranz hergestellt haben. Es war eine wunderbare Arbeitsstimmung und ein achtungsvolles Miteinander in dieser Situation zu erleben, wobei eine große Wertschätzung von den älteren Jahrgängen gegenüber der Arbeit der Jüngeren ausging. Eine solche Situation hat den Vorteil, dass die Kränze auch im Kollegium stärker geschätzt werden. Jahrelang war es gang und gäbe, dass bei mir Bestellungen aufgegeben werden konnten und ich im Unterricht mit den Schülerinnen und Schülern alle gewünschten Kränze hergestellt habe. Häufig ging damit einher, dass ich wochenlang dem üblichen kleinen Kostenbeitrag hinterher gelaufen bin und dass mir einige Kollegen die vertrockneten Kränze im Januar – ohne sie wieder abzuwickeln – vor die Tür gelegt haben. Dieses Phänomen ist auch an anderen Schulen nicht unbekannt und regt dazu an zu überlegen, wie und durch welche Maßnahmen eine stärkere Achtung vor dieser Arbeit erreicht werden kann.

Da das Adventskranzbinden an manchen Schulen mit dem Beginn des Kerzenziehens kollidiert, gibt es auch Kolleginnen und Kollegen, die es aus dem regulären Unterricht herausgenommen haben und zum Beispiel Nachmittags- oder Samstagsaktionen anbieten, an denen alle Interessierten (Kinder, Eltern, Kollegium) teilnehmen können. An anderen Schulen wird diese Möglichkeit dagegen auf dem Weihnachtbasar angeboten.

### 7.7.5 Theorie und Heftführung

Wie bereits in Kapitel 6.3 ausführlich beschrieben, stellt sich die Frage, wie oft und in welcher Form theoretische Unterrichtseinheiten im Gartenbau stattfinden müssen bzw. sollen. Doch manche Situationen und Themen bieten sich förmlich an, dass man sich intensiver mit ihnen befasst und sie auch schriftlich festhält!

Da das Füllen von Heften im Gartenbauunterricht nicht im Vordergrund steht, ist es vorteilhaft, jedes Kind eine eigene Mappe bzw. einen Schnellhefter anlegen zu lassen. So können bei Bedarf neue Seiten hinzugefügt werden. Diese Mappe kann über die gesamten Jahre des Gartenbaus fortgeführt werden, sodass es am Ende der Zeit keine halbgefüllten Hefte gibt! Außerdem ist es einfacher, Seiten neu anfertigen zu lassen, wenn sich eine Schülerin oder ein Schüler bei der Gestaltung keine Mühe gegeben hat. Des Weiteren lässt sich eine Mappe auch gut durch notwendige Kopien (Saattabellen etc.) ergänzen.

Es empfiehlt sich, die Mappen nicht mit nach Hause zu geben, sondern sie, nach Gruppen geordnet, im Gartenbauraum aufzubewahren. Da das Unterrichtsfach in der Regel nur einmal wöchentlich stattfindet, passiert es sonst häufig, dass die Kinder am besagten Tag die Mappe zu Hause vergessen haben – zumal sie nicht regelmäßig gebraucht wird! Es gestaltet sich dann sehr mühsam, schriftliche Aufgaben im Nachhinein einzufordern und dabei den Überblick zu behalten, welche Kinder dies betrifft.

Für die Vertiefung eignen sich besonders Themen, mit denen die Schülerinnen und Schüler in der vorangegangenen Saison durch praktische Erfahrungen in Berührung gekommen sind. Wie an verschiedenen Stellen bereits erläutert, sollte es darum gehen, dass die Kinder an Erlebnisse, Erfahrungen und innere Bilder anknüpfen können! Abstraktere Themen bauen dann später darauf auf und erfolgen im naturwissenschaftlichen Unterricht der Oberstufe.

So ist es beispielsweise hilfreich, relativ früh Gerätekunde zum Thema zu machen: die gängigen Gartengeräte einmal genauer auf ihre Funktionen hin zu untersuchen, Schaufel- und Spatenblatt, Stiellängen, -formen und -griffe zu vergleichen, zu besprechen, worin der Unterschied von Grabegabel und Spaten liegt und warum sich eine Mistgabel nicht für die gleichen Tätigkeiten eignet. Genauso lassen sich Ast- und Grasscheren vergleichen oder verschiedene Hacken, Rechen und Harken besprechen. Das Schöne dabei ist, dass man den Geräten an ihrer Form ansehen kann, für welche Tätigkeiten sie sich eignen – so kann man die Kinder ihre Beobachtungen und Vermutungen erklären und beschreiben lassen, bevor man die Geräte zum Beispiel sorgfältig zeichnen und beschriften lässt. Je nach Altersstufe kann dann noch ein kleiner schriftlicher Text zu jedem besprochenen Gerät vorgegeben oder von den Schülerinnen und Schülern selbst formuliert werden.

Eine besondere Bedeutung hat die Kompostwirtschaft im Schulgarten! Auch hier ist es möglich, thematisch in die Tiefe zu gehen und einmal die wichtigsten Aspekte genauer zu erläutern und schriftlich



Die Titelseite eines Gartenbauhefts – frei gestaltet nach eigener Vorstellung. ▻

Gartenbau
Elisa
5. Klasse

festzuhalten: Was kann alles auf einem Kompostplatz gesammelt werden, welche Prozesse laufen dort ab, welche Tiere helfen bei den Zersetzungsprozessen, die besondere Aufgabe der Würmer im Kompost etc.

Aber auch allgemeine Themen können behandelt werden:

- Jahreszeiten (Temperaturen, Sonnenstand, Pflanzenwuchs, Vogelzug etc.)
- Wetterbeobachtungen (Temperatur, Niederschlag, Wind)
- Kräuterkunde (verbunden mit Geruchs- und Geschmackstests)
- Pflanzenbetrachtungen mit anschließenden Zeichenübungen

Des Weiteren lassen sich Rezepte der im Unterricht hergestellten Produkte festhalten:

- Salben
- Cremes
- Kräutersalz
- Sirup
- Gelees und Marmeladen
- Apfelmus

Natürlich gibt es noch viele weitere Möglichkeiten: Dies hängt von der Gestaltung des eigenen Unterrichts, dem eigenen Kenntnisstand und Interesse an bestimmten Themen sowie von der Vielfalt des eigenen Schulgartens und der dortigen Betätigungsfelder ab. Bei der Wahl der Themen sollte aber stets darauf geachtet werden, an welcher Stelle der Bezug zum praktischen Bereich des Unterrichts herzustellen ist und wie die Kinder gut daran anknüpfen können!

### 7.7.6 Gerätepflege

Gute Gartengeräte sind die Voraussetzung für eine erfolgreiche Arbeit im Garten! Aus diesem Grund sollte auch der Schulgarten mit robus-

Gerätekunde als «Theoriestunde» im Winter in einer 6. Klasse.

ten, strapazierfähigen Schaufeln, Spaten, Grabegabeln etc. in ausreichender Anzahl ausgestattet sein – auch wenn diese in der Anschaffung teuer sind! Kostengünstigere Varianten aus Kunststoff oder mit einfachen Metallblättern bzw. -zinken halten dem – zum Teil rabiaten – Dauereinsatz ganzer Schülerschaften nicht lange stand!

Doch teure Geräte müssen und sollen möglichst lange einsatzfähig bleiben! Auch wenn die Schülerinnen und Schüler dazu angehalten werden, ihre Geräte nach der Benutzung zu reinigen und wieder ordnungsgemäß zu verwahren, erfolgt der Umgang damit häufig nicht so sorgfältig wie im professionell-gärtnerischen oder privaten Bereich. Deshalb ist es wichtig, das Bewusstsein der Schülerinnen und Schüler verstärkt dafür zu schulen, welche Folgen die «Wegwerfmentalität» unserer Gesellschaft hat und welche Kosten außerdem damit verbunden sind. Dies kann unter anderem bei einer jährlichen «Gerätepflege-Aktion» thematisiert werden!

Winterstunden können dazu genutzt werden, einmal alle vorhandenen Gerätschaften auf den Prüfstand zu stellen, Schaufel- und Spatenblätter mit Bürsten und eventuell Schmirgelpapier zu entrosten, die Geräte zu fetten und bei Bedarf Stiele festzumachen oder auszutauschen. Gartenscheren können überholt, Geräteplätze gesäubert und alles zum Schluss wieder richtig und übersichtlich einsortiert werden.

Bei dieser Arbeit sind alle Schülerinnen und Schüler gut beschäftigt und werden an der einen oder anderen Stelle ins Stöhnen geraten und unter Umständen feststellen, dass sich etwas mehr Sorgfalt im Umgang mit den Geräten während der Saison gelohnt hätte! Diese Form der gemeinsamen Gerätepflege schult das Bewusstsein der Kinder dafür, dass sie eine Verantwortung tragen für die Werkzeuge, die sie während der Gartensaison genutzt haben und zukünftig auch wieder nutzen werden.

Auf dem Weg zum «Geräte-Waschplatz».

### 7.7.7 Weitere Beispiele im Überblick

Nicht alle Möglichkeiten der Herbst- und Wintertätigkeiten konnten an dieser Stelle ausführlich vorgestellt werden. Je nach den eigenen Fähigkeiten, der Gestaltung des Schulgartens, der Ausstattung und Größe des Unterrichtsraumes sowie den finanziellen Möglichkeiten, muss darauf geachtet werden, welche Tätigkeiten sich im Herbst und Winter anbieten und harmonisch in den Jahreslauf des Unterrichts der einzelnen Klassenstufen einfügen lassen.

Beschäftigt man sich mit diesem Bereich genauer, so wird man mit Sicherheit mehr Ideen entwickeln, als Stunden zur Verfügung stehen! Auch der Austausch mit Kolleginnen und Kollegen anderer Schulen erweitert den Blick und hilft dabei, Tipps für die praktische Umsetzung zu erhalten. – So werden an vielen Schulen beispielsweise folgende Aktionen durchgeführt:

Beliebte Übung: Schülerinnen und Schüler schätzen das Gewicht des geernteten Gemüses.

- Walnussöl pressen
- Speisesenf herstellen
- Nistkästen bauen
- Vogelfutterglocken produzieren
- Selbst geerntetes Saatgut sortieren und in Tütchen abfüllen
- Saatbänder kleben
- Teemischungen kreieren
- Kräuter, Wurzeln, Blüten zu Tinkturen, Salben oder Cremes verarbeiten

Eine besondere Betätigung, die allerdings Platz und eine entsprechende Ausstattung erfordert, ist das Papierschöpfen mit Naturmaterialien: Ob Brennnesseln, Stroh, Blüten, Heu, Gras, Blätter, Schnittlauch – daraus lassen sich viele verschiedene wunderschöne Kunstwerke kreieren!

# 8 Der Gartenbauunterricht und die individuelle Gestaltung nach Schule und Standort

Es gibt kein Unterrichtsfach, das in seiner Gestaltung und Durchführung so stark von den äußeren Gegebenheiten abhängig ist. So gleicht kein zur Verfügung stehendes Gartengelände in Lage und Größe einem anderen! Die Räumlichkeiten, Ausstattung und finanziellen Rahmenbedingungen gestalten sich ebenfalls an jeder Schule sehr unterschiedlich. Darüber hinaus spielt der regionale Standort eine Rolle: Die klimatischen Bedingungen sowie unterschiedliche Ferientermine beeinflussen die Planung zusätzlich.

Deshalb wird es in diesem Bereich sicherlich niemals zu einer «Vereinheitlichung» kommen! Das macht es natürlich für Fachkollegen, die sich in diesem Bereich erst seit kurzem bewegen, schwieriger: Sie können vieles nicht einfach «eins zu eins» von erfahrenen Lehrkräften anderer Schulen übernehmen oder abschauen, sondern müssen ihren eigenen Weg gehen und herausfinden, was an ihrer Schule gewünscht und umsetzbar ist. Andererseits ergeben sich daraus unzählige Möglichkeiten, mit dem Fach Gartenbau ganz individuell und kreativ umzugehen! Schließlich kommt dies – aus waldorfpädagogischer Sichtweise – dem Anspruch zugute, dass die Lehrkraft sich selbst erst einmal intensiv mit dem auseinandersetzen und verbinden sollte, was sie den Kindern nahebringen möchte. Es ist selten, dass es im pädagogischen Bereich so wenige «Vorgaben» für die praktische Umsetzung eines Unterrichtsfaches gibt. Ebenso selten ist es, dass ein Fach so viele verschiedene Möglichkeiten bietet, pädagogische Unterrichtsinhalte sinnvoll und altersgemäß zu vermitteln!

An einer Schule den Gartenbaubereich zu übernehmen oder gar neu aufzubauen, ist nicht leicht – zumal es in den meisten Fällen keine weiteren Fachkolleginnen oder -kollegen gibt, mit denen man sich besprechen, austauschen oder die Aufgaben teilen kann. So wird eine große innere Stärke benötigt, um diesen Bereich auf allen Ebenen voranzutreiben und zu vertreten! Doch wenn dies gelingt, können der Gartenbauunterricht und der Schulgarten eine Schule und die Schulgemeinschaft enorm bereichern und zu einer Art «Aushängeschild» werden! Gerade in der aktuellen Zeit, in der Themen wie Umwelt- und Naturschutz, Konsumverhalten und Ökologie in vielen gesellschaftlichen Kreisen erneut diskutiert werden, Stadt- oder Gemeinschaftsgärten entstehen oder Gemüsezellen saisonweise an Städter verpachtet werden, sollte das Fach Gartenbau auch im Schulwesen bewusst aufgegriffen und stärker ins Bewusstsein gerückt werden! Die Arbeit mit Schülerinnen und Schülern im Schulgarten bietet die wunderbare Chance, zukünftigen Generationen positive Erlebnisse und Wissen im «Naturbereich» mit auf den Weg zu geben, welche auf natürliche Art und Weise kaum noch erlangt werden können, aber von großer Bedeutung für den Umgang mit unserer Lebensgrundlage «Erde» sind!

## 8.1 Die Gartengröße und -gestaltung

In den meisten Fällen sind die Auswahlkriterien für den «optimalen» Schulgarten bezüglich seiner Größe und Lage sehr eingeschränkt. So können sich Schulen glücklich schätzen, wenn auf dem Schulgelände oder in unmittelbarer Nähe überhaupt eine geeignete Fläche zur Verfügung steht. Besteht aber die Möglichkeit, eine Fläche bewusst zu wählen und nach den eigenen Vorstellungen zu gestalten, so muss vor allem beachtet werden, dass die Größe ausreichend Platz und Arbeitsfelder für alle Schülergruppen bietet, aber gleichzeitig die darüber hinaus gehende Pflege und Betreuung durch die personellen Ressourcen zu leisten sind!

Optimal ist es natürlich, wenn ein Schulgarten nicht nur als «klassischer» Gemüsegarten genutzt wird, sondern durch eine vielfältige Gestaltung den Schülerinnen und Schülern unterschiedliche Facetten der Gartennutzung nahebringt, darüber hinaus zum Verweilen und Beobachten einlädt und ausreichend Platz zum Bewegen bietet.

Kein bestehender Schulgarten gleicht einem anderen! So gibt es von winzigen «Stadtgärten» zwischen Mietshäusern, bis hin zu mehreren Hektar großen Flächen mit Tierhaltung und Obstwiesen alle möglichen Gestaltungsformen. Es werden in vielen Fällen Bienen, Hühner, Enten oder Kaninchen gehalten und manchmal sogar Ziegen, Schafe, Schweine oder andere Nutztiere. Es gibt Gartenteiche, Gewächshäuser, Kräuterspiralen, Insektenhotels, Bauerngärten, Feuerstellen, Trockenmauern, Nistkästen etc.

Dem Ideenreichtum und seiner Umsetzung sind theoretisch also keine Grenzen gesetzt. Doch es sollte immer im Vordergrund der Gartengestaltung das Bewusstsein dafür stehen, welche Ziele mit dem Unterricht verbunden sind! Es muss zuerst überlegt werden, welche Klassenstufen und welche Schüleranzahl im Garten unterrichtet werden sollen und was diese wirklich «brauchen» bzw. welche Aufgaben und Arbeitsfelder altersgemäß im Vordergrund stehen. Schließlich geht es in einem qualifiziert durchgeführten Gartenbauunterricht nicht darum, naturpädagogische Abenteuerstunden durchzuführen oder sich ausschließlich mit einem Streichelzoo zu befassen!

Ganz allgemein gesehen, kann ein Schulgarten zu einem Begegnungsort werden, der auch ältere Schülerinnen und Schüler, das Kollegium oder Eltern anzieht und der über den Unterricht hinaus als verbindendes Element eine wichtige Rolle für die Schulgemeinschaft spielt! Dieser Aspekt sollte nicht unterschätzt werden. Je mehr der Garten bewusst in das Schulganze eingebunden wird, desto stärker erwacht auch das Bewusstsein und Interesse aller Schulbeteiligten für diesen Bereich – und mit der Zeit entsteht eine Kraft gebende und stärkende Wechselwirkung, die das ganze Schulleben bereichert, aber auch den Gartenbau aktiv unterstützt.

Ein Schulgarten muss vor allem so geplant und angelegt werden, dass er auf die Arbeit mit Kindern abgestimmt ist! Er übernimmt sozusagen die Funktion des Klassenzimmers! Die zu unterrichtenden Gruppen müssen dort unkompliziert arbeiten und sich gut bewegen können. Beispielsweise ist es auch von Vorteil, Wege so breit anzulegen, dass die Schülerinnen und Schüler mit Geräten und Schubkarren aneinander vorbei kommen, ohne sich zu behindern oder über bestellte Beetflächen ausweichen zu müssen. Außerdem sollte der Lagerraum für Geräte gut zugänglich, übersichtlich und klar strukturiert sein, da dies Arbeitsabläufe und Ordnunghalten mit so vielen beteiligten Menschen erheblich erleichtert.

Wie bereits erwähnt, ist eine gewisse Vielfalt unterschiedlicher Bereiche im Garten für die Gestaltung des Unterrichts und die damit verbundenen pädagogischen Ziele sehr wichtig. Gleichzeitig sollte aber bedacht werden, dass der Garten klare Strukturen aufweist und in den Hauptbereichen übersichtlich gestaltet ist: So fällt es einerseits den Schülerinnen und Schülern leichter zu erkennen und zu akzeptieren, in welchen Bereichen sie sich frei bewegen können oder eher achtgeben müssen bzw. welches Verhalten jeweils angebracht ist. Andererseits kann die Lehrperson so leichter die ganze Gruppe im Blick behalten – auch wenn an verschiedenen Stellen gleichzeitig im Garten gearbeitet wird. Es ist nicht zu unterschätzen, welch «kreativen» Einfällen sich Schülerinnen und Schüler hingeben können, wenn sie sich unbeobachtet fühlen und die Gelegenheit haben, sich in Nischen und Ecken des Gartens zurückzuziehen ...

Unabhängig davon, welche Möglichkeiten sich am jeweiligen Standort bieten und welche Ideen und Wünsche man selbst bei der Gartengestaltung verfolgt: Die regelmäßige Pflege muss gewährleistet sein! Im Gegensatz zur erwerbsmäßigen oder privaten Gärtnerei liegen an den Schulen genau in der Hauptsaison die Sommerferien, sodass die Bewirtschaftung in dieser arbeitsintensiven Zeit nicht mit den Schulklassen erfolgen kann. Daraus darf aber nicht resultieren, dass der Garten und angebaute Kulturen verwildern und verkommen! Es ist nichts frustrierender und «sinnloser» für die Schülerinnen und Schüler, als nach den Sommerferien zu erleben, dass die zuvor geleistete Arbeit mehr oder weniger umsonst war!

Einen Garten neu einzurichten oder umzugestalten benötigt Zeit! Beginnt man zudem neu an einer Schule und wird in vielen Bereichen mit neuen Aufgaben konfrontiert, so sollte man sich nicht zuviel auf einmal vornehmen! Ein Garten muss «wachsen» und sich entwickeln können – erst nach und nach wird sich im gemeinsamen Tun mit den Kindern zeigen, was an welcher Stelle sinnvoll und notwendig ist, welche Flächen sich besonders für den Anbau bestimmter Kulturen eignen oder welche Bereiche vorrangig an Bedeutung für die Arbeit gewinnen und vorangetrieben werden sollten!

## 8.2 Die ökologische Gartenbewirtschaftung und der Einsatz biologisch-dynamischer Präparate

Heutzutage sollte sich die Frage eigentlich nicht mehr stellen, ob ein Schulgarten ökologisch bewirtschaftet wird! Einerseits gewinnen die Themen «Nachhaltigkeit» und «Ökologie» in allen gesellschaftlichen Bereichen und weltweit immer stärker an Bedeutung, andererseits wäre es pädagogisch äußerst kontraproduktiv, das Verantwortungsbewusstsein für unsere Lebensgrundlage «Natur/Erde» stärken zu wollen und gleichzeitig mit Gift und Kunstdünger in die natürlichen Lebenskreisläufe des Schulgartens einzugreifen!

Die heranwachsenden Generationen werden sehr viel stärker mit Umweltproblemen, «menschengemachten» Naturkatastrophen und scheinbar «ausweglosen Zukunftsszenarien» konfrontiert, als dies noch vor wenigen Jahrzehnten der Fall war. Die vorrangige Aufgabe des Gartenbauunterrichts sollte also darin bestehen, den Schülerinnen und Schülern möglichst «Mut machende» Wege für die Zukunft aufzuzeigen und zu vermitteln, wie eine nachhaltige Lebens- und Handlungsweise aus bestehenden Problemen herausführen kann!

Durch Rudolf Steiner wurde vor fast hundert Jahren bereits nicht nur die ökologische Landbewirtschaftung als einzig sinnvolle Alternative erkannt, sondern darüber hinaus die biologisch-dynamische Wirtschaftsweise ins Leben gerufen. Bereits damals wurde in landwirtschaftlichen Kreisen mit Sorge die Tendenz bemerkt, dass Boden und Pflanzenwachstum immer weiter degenerierten. Rudolf Steiner stellte außerdem fest – nachzulesen in seinem Werk *Geisteswissenschaftliche Grundlagen zum Gedeihen der Landwirtschaft. Landwirtschaftlicher Kurs*, Seite 12 – dass die so produzierten Lebensmittel in wenigen Jahrzehnten nicht mehr als Ernährungsgrundlage für die gesamte Menschheit ausreichen würden.

1924 hielt Rudolf Steiner in Breslau-Koberwitz einen Kurs für einen kleinen Kreis anthroposophischer Landwirte, die mit dem Wunsch an ihn herangetreten waren, dass er zu landwirtschaftlichen Zusammenhängen zu ihnen sprechen sollte. Er hielt in diesem Rahmen acht Vorträge, aus welchen sich dann mit der Zeit die biologisch-dynamische Wirtschaftsweise mit den dazugehörigen Präparaten entwickelte.

Die biologisch-dynamische Wirtschaftsweise geht – im Gegensatz zu anderen ökologischen Bewirtschaftungsformen – über den naturwissenschaftlichen Erklärungsansatz von Naturzusammenhängen hinaus: Hier werden die kosmischen Kräfte als unerlässlicher Teil allen Lebens und Wachstums gesehen und dementsprechend in die landwirtschaftlichen Vorgänge einbezogen, um die Gesundheit und Lebenskräfte von Boden und Pflanzen zu erhalten bzw. zu fördern.

Gartenbau
Judith
6. Klasse
7. Klasse

An dieser Stelle kann nicht genauer auf die Grundlagen der biologisch-dynamischen Wirtschaftsweise und die verschiedenen Präparate eingegangen werden. Dazu gehören ein intensives und längeres Studium des oben genannten Werks von Rudolf Steiner und ein regelmäßiger Austausch mit erfahrenen Gärtnern, Landwirten oder Gartenbaukollegen an den Schulen. Eine Auseinandersetzung mit diesem Thema gehört jedoch zum Tätigkeitsbereich eines Gartenbaulehrers bzw. einer Gartenbaulehrerin an einer Waldorfschule unabdingbar dazu: Hier werden grundlegende Aussagen dargelegt, die genauso wenig missachtet werden können, wie ein anderer Fachlehrer oder Klassenlehrer an einer Waldorfschule unterrichten sollte, ohne sich je mit den menschenkundlichen Grundlagen der Kindheitsentwicklung befasst zu haben! Hinzu kommt, dass zunehmend spürbar wird, wie die «Lebenskräfte» auch der Pflanzen schwächer werden und dass dem Phänomen an jeder nur möglichen Stelle aktiv entgegengewirkt werden muss.

Inwieweit das Herstellen und Ausbringen von einzelnen Präparaten im Schulgarten zusammen mit den Schülerinnen und Schülern durchgeführt wird und in welcher Weise dieses Thema in den Unterricht einfließen soll, kann nicht allgemein beantwortet werden. Die praktische Handhabung und auch die Meinungen gehen hierzu unter den Kolleginnen und Kollegen weit auseinander. Es gibt Schulen, an denen bestimmte Bereiche der biologisch-dynamischen Wirtschaftsweise im Unterricht thematisiert und auch praktisch gemeinsam umgesetzt werden. An anderen Schulen bevorzugen es die zuständigen Lehrkräfte, die notwendigen Tätigkeiten alleine durchzuführen.

Zu bedenken ist auf jeden Fall sehr genau, in welcher Altersstufe und in welcher Form mit den Kindern dieses Thema aufbereitet wird. Denn dies ist ein sensibles Terrain, dessen Inhalte schnell missverstanden oder – besonders in der oberen Mittelstufe – ins Lächerliche gezogen werden können. Abgesehen davon, sind die Zusammenhänge der biologisch-dynamischen Wirtschaftsweise – selbst für viele Erwachsene – abstrakt und ohne intensive Auseinandersetzung und die innere Akzeptanz von geistigen Realitäten schwer verständlich. So muss unbedingt darauf geachtet werden, wie altersgemäße Erklärungen aussehen könnten und wie viel «Erklärung» überhaupt von Nöten ist: Denn häufig reichen einfache Antworten schon aus, um das erste Interesse zu befriedigen. Hier geht es – wie auch in allen anderen Bereichen – darum, die Kinder mit diesem Thema «seelisch» zu erreichen, eine innere «Anbindung» zu erzeugen und nicht allein auf intellektueller Ebene Einzelheiten kosmischer Zusammenhänge zu erläutern.

Viele Kinder sind mit den kleinen, weißen homöopathischen «Globuli» (Alternativmedizin) vertraut und haben diese in der einen oder anderen Situation schon verabreicht bekommen. So habe ich diese einmal als Vergleich herangezogen, als ein Kind einer 6. Klasse nach der Wirkung von Präparaten fragte. Ich erklärte, dass die Präparate dem Boden und den Pflanzen die nötige Kraft geben, um gesund und kräftig zu bleiben – eben so ähnlich wie die «Kügelchen» in der Homöopathie. Diese Erklärung hat den anwesenden Schülerinnen und Schülern vollkommen ausgereicht.

Selbst in Klassenstufe 9 ist es noch zu früh, inhaltlich tiefer in dieses komplexe Thema einzusteigen. Erfahrungsgemäß erleben viele Schülerinnen und Schüler auf den landwirtschaftlichen Betrieben während ihres Praktikums die Herstellung und Ausbringung von biologisch-dynamischen Präparaten. In ihren Berichtsheften oder im mündlichen Praktikumsbericht versuchen sie dann, das Erlebte darzustellen und zu erklären. Dabei wird sehr deutlich, dass das Verständnis für solche, scheinbar abstrakten Vorgänge in diesem Alter noch nicht ausreichend entwickelt ist.

Neben dem Einsatz der Präparate spielen natürlich auch kosmische «Tagesqualitäten» eine wichtige Rolle. So werden den einzelnen

Tagen eines Jahres – je nach Stellung von Mond, Sonne und Planeten – bestimmte Qualitäten zugesprochen, die besonders auf die Entwicklung von Blatt, Blüte, Wurzel oder Frucht Einfluss nehmen. So hat es einen nicht unbedeutenden Einfluss auf das Wachstum und die Qualität der Pflanzen, an welchen Tagen beispielsweise Wurzel- oder Blattgemüse gesät, bearbeitet oder geerntet wird. Maria Thun ist eine der bekanntesten Personen, die bereits über Jahrzehnte dazu geforscht hat und unter deren Namen jedes Jahr ein Kalender erscheint, nach dem man sich bei Aussaaten, Ernte und Pflegearbeiten richten kann.

Es stellt allerdings eine fast unlösbare Aufgabe dar, den Schulalltag mit den Rhythmen von Himmelskonstellationen in Einklang zu bringen! So können bestimmte Tage hervorragend geeignet sein, um zum Beispiel Möhren zu säen. Doch wenn es dann zufälligerweise während der Unterrichtszeit stark regnet, wäre eine Möhrensaat in diesem Falle sicherlich nicht sinnvoll. Doch die gleiche Schülergruppe kommt in der Regel erst eine Woche später wieder, sodass fraglich ist, wann wieder ein entsprechender «Wurzeltag» mit dem Unterricht zusammentrifft! Klassenreisen, Ferienzeiten, Feiertage und Ausflüge machen die Planung noch komplizierter, sodass den pädagogischen und damit verbundenen gärtnerischen Zielen der Vorrang gegeben werden sollte! Sicherlich gibt es Möglichkeiten, in bestimmten Unterrichtsstunden zwischen verschiedenen notwendigen Arbeiten nach «Tagesqualität» auszuwählen, doch sollte dieser Vorsatz nicht so streng gehandhabt werden, dass die Klassen bestimmte – dem Jahrgang entsprechende – Aufgaben nicht erleben und erlernen können, der Garten letztlich also nur «halb» bewirtschaftet wird oder die Lehrkraft alles alleine bewerkstelligen muss!

## 8.3 Der Unterrichtsraum

Auch hier zeigt sich kein einheitliches Bild für alle Schulen. Die Räumlichkeiten und ihre Ausstattung hängen stark von der Gesamtsituation einer Schule ab. Ebenso spielt es eine Rolle, ob sich der Schulgarten auf dem Schulgelände befindet oder weiter von der Schule entfernt liegt. So gibt es vom «normalen» Klassenraum über umgebaute Stallgebäude und umfunktionierte, beheizte Gewächshäuser bis hin zu romantischen Gartenhäusern mit Holzofen und Zirkus- oder Bauwagen alle möglichen Formen für einen Unterrichtsraum. Not macht erfinderisch – und manchmal entstehen daraus sogar urgemütliche und gut nutzbare Räume, die auf die Schülerinnen und Schüler eine ganz besondere Anziehungskraft ausüben!

Wichtig ist, dass die Räumlichkeit auf Dauer verschiedenen Zwecken genügen muss: Es sollten ausreichend Tische und Sitzplätze für alle vorhanden sein, sodass hier im Winter oder bei schlechtem Wetter sinnvoll gearbeitet werden kann. Dabei dürfen sich die Möglichkeiten dieses Raumes nicht nur auf die Durchführung von Theoriestunden beschränken. Er muss so flexibel und großzügig gestaltet sein, dass auch praktisch gearbeitet werden kann, egal ob nun mit den Kindern Futterglocken hergestellt oder Adventskränze gebunden werden, gemeinsam gekocht und gegessen wird oder das Kerzenziehen für einige Zeit im Vordergrund steht. Auch eine Waschgelegenheit darf nicht fehlen. Sehr hilfreich ist es, wenn der Raum eine eigene Kochgelegenheit oder sogar eine kleine Küchenausstattung bietet.

Außerdem muss bedacht werden, dass sich mit der Zeit zunehmend Arbeitsgeräte und Unterrichtsmaterial ansammeln, sodass ausreichend Stauraum, Regale und weitere Geräte- oder Lagerräume von Vorteil sind. Je mehr Platz vorhanden ist und je vielfältiger die Ausstattung, desto flexibler, kreativer und interessanter kann der Unterricht gestaltet und den Bedürfnissen der einzelnen Altersstufen angepasst werden!

## 8.4 Geräte und Material

Der Gartenbauunterricht gehört sicherlich mit seiner benötigten Ausstattung und dem Materialbedarf zu den teuersten und aufwändigsten Schulfächern. Doch ist der Wunsch vorhanden, in diesem Bereich als Schule tätig zu werden, so kann zu Beginn auch vieles improvisiert und erst nach und nach erweitert werden. Allerdings sollte jeder Schule bewusst sein, dass dies kein Dauerzustand werden darf und dass ein qualifizierter, differenzierter und auf die Schülerinnen und Schüler abgestimmter Unterricht eine vielfältige und gut sortierte Ausstattung voraussetzt.

Je nachdem, auf welche Bereiche des Gartenbauunterrichts eine Schule ihre Schwerpunkte legen möchte, werden die Ausstattung und die damit verbundenen Kosten natürlich variieren. Wichtig ist jedoch immer, dass ausreichend Geräte vorhanden sind, sodass alle Kinder einer Gruppe gleichzeitig tätig werden können. So ist es unabdingbar, die wichtigsten Handgartengeräte (Hacke, Grabegabel, Spaten, Harke, etc.) in vielfacher Anzahl zur Verfügung zu haben (mindestens aber in der, der zu erwartenden Gruppenstärke). Auch Schubkarren sollten in größerer Zahl vorhanden sein. Ansonsten müssen alle notwendigen Gerätschaften mindestens in einfacher Ausführung vorhanden sein, um einen Nutzgarten professionell führen zu können.

Hilfreich ist es, wenn immer ein größerer Vorrat an Arbeitshandschuhen vorhanden ist. Nicht in allen Situationen kann von den Kindern verlangt werden, ohne Handschuhe zu arbeiten – auch wenn es häufig anzuraten ist, weil die Verbindung zur Erde und Arbeit so intensiver wahrgenommen wird und viele Aufgaben motorisch einfacher und präziser ohne Handschuhe zu bewerkstelligen sind. Handschuhe sollten immer in verschiedenen Größen zur Verfügung stehen. Sind die Schülerinnen und Schüler angewiesen, eigene Handschuhe mitzubringen, so kommt die angestrebte Arbeit immer an den Tagen zum Erliegen, an

# Der Spaten

Genau wie die Grabegabel hat der Sparten einen kurzen Shiel mit Griff, so das man sehr gut beim Stechen in die Erde kraft ausüben kann. Der Spaten hat ein schmales, scharfkantiges Eisenblatt, mit dem besonders gut gerade kanten abgestochen werden können. Außerdem bietet sich der spaten gut zum umgraben an.

denen sie ihre Handschuhe zu Hause «vergessen» haben ... Das Gleiche gilt für Gummistiefel. Allerdings macht es hier nicht unbedingt Sinn, «kollektiv» Stiefel anzuschaffen. Manchmal ist es sinnvoller, die Eltern bzw. Kinder zu bitten, eigene Stiefel in der Schule zu deponieren. So haben alle Stiefel, die passen und vor denen sie sich nicht ekeln, weil jemand anderes sie zwischenzeitlich getragen hat.

Der Geräte- und Materialbedarf für den Gartenbauunterricht ist nahezu unerschöpflich. Je nachdem, welche Gestaltungsmöglichkeiten die Größe und Lage des Schulgartengeländes, die Anzahl der Unterrichtsstunden sowie die Energie und Kreativität des Lehrers zulassen, richtet sich der Bedarf der Ausstattung. Zu beachten ist dabei auch, auf welche Art und Weise die Wintermonate gestaltet werden sollen. Finden in dieser Zeit viele praktische Tätigkeiten statt, so wird auch dafür das spezielle Rüstzeug benötigt.

Doch in den meisten Fällen wächst die Ausstattung im gleichen Maße stetig an, wie sich der Bereich entwickelt. Es ist kaum möglich, gleich in den ersten Jahren alle Möglichkeiten und Ideen umzusetzen und auszuschöpfen! Mit der Zeit muss sich erst einmal herauskristallisieren, welche Schwerpunkte zur Lehrerpersönlichkeit, der Unterrichtsstruktur und dem Schulwesen passen.

Es kann hilfreich sein, erst einmal in der Schule herumzufragen, sollten in der Anfangszeit bestimmte Dinge fehlen: Es ist erstaunlich, welche «Kostbarkeiten» häufig bei Eltern im Keller «vor sich hin schlummern» und bereitwillig gespendet werden: Geschirr, Wasserkocher, Töpfe etc. für gemeinsame Kochstunden im Unterricht; Einmachgläser und Flaschen, Dörrgeräte und Einkochtöpfe zum Konservieren von Obst und Gemüse; Blumentöpfe für das Vereinzeln und Pikieren von vorgezogenen Pflanzen etc. Mit Glück finden sich an der Schule auch Eltern, die mit größeren Spenden unterstützen können: einem ausrangierten Kühlschrank oder Herd, Gartengeräten oder Küchenschränken etc.

Insgesamt muss aber ein gewisses Jahresbudget für das Fach fest eingeplant werden. Denn die Bewirtschaftung des Gartens bringt es mit sich, dass bestimmte Kosten jährlich anfallen, zum Beispiel für Saatgut, Jungpflanzen, Anzuchterde, bestimmte Düngemittel, Ersatzgeräte oder Pflanzkartoffeln.

## 8.5 Unterrichtsrhythmus und Stundenanzahl

Es gibt hierzu sehr unterschiedliche Modelle an den einzelnen Schulen, weshalb es schwierig ist, eine generelle Aussage zu treffen. Wie bereits in Kapitel 4 dargestellt wurde, liegt der Schwerpunkt für das Unterrichtsfach in der Mittelstufe, wobei allerdings die Klassenstufen für den Einstieg in das Fach sowie die Anzahl der durchgeführten Unterrichtsjahre variieren. Befasst man sich mit den pädagogischen Zielen des Unterrichts und den vielfältigen Unterrichtsinhalten, so wird deutlich, dass dieses Fach möglichst durchgehend über mehrere Jahre hinweg unterrichtet werden sollte. In der aktuellen Praxis bedeutet dies, dass der Gartenbauunterricht in der Regel mindestens in den Stufen 6 bis 8 unterrichtet wird.

Es kommt aber auch vor, dass der Gartenbauunterricht in Epochen gegeben wird. So haben die Schülerinnen und Schüler nicht das ganze Jahr durchgehend, sondern in mehrwöchigen Unterrichtsblöcken Gartenbau (siehe auch Anhang: *Umfrage zur Situation des Gartenbauunterrichts an Waldorfschulen*).

Wer sich mit den Zielen des Gartenbauunterrichts auseinandersetzt, kann diese Einschränkungen auf Dauer nicht akzeptieren. Zwar ist es durchaus möglich, auch in mehrwöchigen Zeitblöcken interessante Unterrichtsinhalte zu vermitteln und mit den Kindern eine lernintensive Zeit zu gestalten. Vor allem projektorientiertes Arbeiten bietet sich nach diesem Modell an. Jedoch geht das Hauptanliegen des

Gartenbauunterrichts in der Mittelstufe dabei verloren. Schließlich hat dieses Fach die Aufgabe, durch das Erleben des Jahreszeitenlaufes und die Kontinuität der Gartenpflege mit allen notwendigen Arbeitsschritten über mehrere Monate, einen Gegenpol zu der von Sprunghaftigkeit geprägten Zeit der beginnenden Pubertät der Schülerinnen und Schüler zu bilden! In keinem Fach geht es so stark darum, Ausdauer zu entwickeln und sich ganz strikt an dem zu orientieren, was von außen (Entwicklung des Gartens, Wetter, klimatische Verhältnisse) vorgegeben wird (siehe auch Kapitel 4 *Die Bedeutung des Gartenbauunterrichts in der Mittelstufe unter Beachtung menschenkundlicher Aspekte*).

Findet der Gartenbauunterricht in Epochen statt, so verliert das Fach seine «Sinnhaftigkeit» für die Schülerinnen und Schüler. Sie fragen sich, warum sie beispielsweise im Frühjahr den Boden vorbereiten und Aussaaten tätigen sollen, wenn sie das Wachstum und die Ernte nicht miterleben können. Genauso ist es viel schwerer, Schülerinnen oder Schüler für das Jäten und andere Pflegearbeiten im Schulgarten zu begeistern, wenn sie die «Früchte» dieser Arbeit im Spätsommer und Herbst nicht selbst ernten und erleben können. Schnell entsteht das Gefühl, im Garten als Hilfskraft «missbraucht» zu werden. Doch gerade in der Mittelstufe entwickelt sich bei den Schülerinnen und Schülern der (oft unbewusste) Wunsch, sinnvoll tätig zu werden und den Sinn einer Arbeit zu erfassen. Wie häufig wird in diesem Alter im Unterricht die Frage gestellt: «*Warum* sollen wir das tun?».

Aus diesen Gründen ist es unbedingt anzustreben, den Gartenbauunterricht in wöchentlichem Rhythmus ganzjährig durchzuführen!

Der wöchentliche Unterricht sollte mindestens in Doppelstunden (oder längeren Zeiteinheiten) stattfinden. Einzelstunden sind zeitlich zu kurz bemessen, um einen sinnvollen Stundenaufbau zu gestalten. Für die Einführung in Arbeitsabläufe, das Bereitstellen von

Arbeitskleidung und Gerätschaften sowie das abschließende Aufräumen wird so viel Zeit benötigt, dass in einer Einzelstunde kaum Raum für die eigentliche Arbeitsphase verbleibt. Außerdem kann dann wichtigen pädagogischen Aspekten, wie beispielsweise dem Erleben, Beobachten und Entdecken im Garten, keine ausreichende Beachtung geschenkt werden. Auch dem Anspruch, dass die Schülerinnen und Schüler bei der Gartenarbeit Ausdauer und Durchhaltevermögen entwickeln, kann in zu kurzen Zeiteinheiten nicht nachgekommen werden.

## 8.6 Gruppengrößen

In jedem Fach wünschen sich die Lehrkräfte möglichst kleine Gruppen zu unterrichten, um auf die einzelnen Schülerinnen und Schüler individuell eingehen zu können. Jeder, der praktische Fächer unterrichtet, weiß, dass dieser Aspekt besonders wichtig ist. Nur wenn die Lehrkraft ausreichend Zeit hat, einzelnen Kindern Arbeitsschritte individuell nahezubringen und auf unterschiedliche Arbeitstempi einzugehen, kann diese Art von Unterricht störungsfrei und befriedigend ablaufen.

Im Gartenbauunterricht ist die Gruppengröße ein besonders wichtiger Faktor, da die Weitläufigkeit des Gartens und die Vielfältigkeit der Aufgabenfelder während der Unterrichtsstunde der Lehrkraft eine große Flexibilität und Weitsicht abverlangt, die nur bis zu einem bestimmten Grad geleistet werden kann.

Die Gruppengröße für den Gartenbauunterricht variiert an den einzelnen Schulen. Dies hängt natürlich von den personellen, organisatorischen und finanziellen Möglichkeiten einer Schule ab. Auch die Klassengröße spielt eine entscheidende Rolle. Es gibt einige Schulen, die mit halben Klassen (ca. 16 bis 19 Kinder) den Unterricht durchführen. In der Regel werden die Klassen jedoch in Dritteln unterrichtet (ca. 11 bis 13 Kinder). Parallel dazu erhalten die anderen Kinder in den meisten Fällen Unterricht in Fächern wie Handarbeit und Werken (siehe Anhang: *Umfrage zur Situation des Gartenbauunterrichts an Waldorfschulen*).

Die Erfahrungen im Gartenbauunterricht zeigen immer wieder, dass es ab einer Gruppengröße von ca. 12 Schülerinnen und Schülern kaum machbar ist, auf jeden Einzelnen einzugehen. Da in diesem Fach hauptsächlich praktisch gearbeitet wird und sich die Kinder häufig zeitgleich an verschiedenen Stellen im Garten betätigen, ist es ausgesprochen wichtig, alle Bereiche im Blick zu behalten. Verliert die Lehrkraft den Einzelnen aus den Augen oder kann sie aufgrund der Gruppengröße immer nur alle zusammen dieselbe Aufgabe tätigen lassen, so entsteht eventuell die Situation, dass sich einzelne Kinder nicht ausreichend gefordert fühlen. Schnell kann es dazu kommen, dass sie nicht in die Arbeit einsteigen, abgelenkt sind oder beginnen, den Unterricht zu stören. Gerade im Schulgarten – dem größten und vielfältigsten Klassenzimmer, das es gibt – bieten sich unzählige Möglichkeiten für Schülerinnen und Schüler «abzutauchen» und sich dem Unterrichtsgeschehen zu entziehen.

Weiterhin sollte gewährleistet sein, dass ausreichend Geräte für alle Mitglieder einer Gruppe vorhanden sind. Wenn die technische Ausstattung nicht der Gruppenstärke entspricht, ist es kaum möglich, mit den Schülerinnen und Schülern so zu arbeiten, dass alle sinnvoll beschäftigt werden können: Auch dadurch kann schnell Unmut und Langeweile entstehen, was unter Umständen ebenfalls zu «unterrichtsfremden» Betätigungen führt.

Außerdem muss bedacht werden, dass auch die Größe des Gartens ausschlaggebend für die maximale Gruppengröße ist. Selbst wenn ausreichend Gerätschaften für alle Schülerinnen und Schüler vorhanden sind, lassen sich viele Tätigkeiten aufgrund des vorhandenen Platzes nur mit einer bestimmten Anzahl von Kindern durchführen! Es ist vielleicht vorstellbar, dass 20 Kinder gleichzeitig den Spaten «schwingen» oder alle gemeinsam jäten. Wenn aber jeder mit einer Schubkarre unterwegs ist, wird das zu chaotischen Situationen führen.

Beetplan für ein eigenes Gemüsebeet in der 6. Klasse.

# 9 Die fachlichen Voraussetzungen der Gartenbaulehrkraft

«Offenbar ist es erforderlich, dass ganz bestimmte Menschen ein ganz bestimmtes Stück Land aus individuellen Impulsen heraus zu gestalten beginnen. Erst dann bildet sich ein Gartenorganismus und erst dann kann von den Schülern gefordert werden, dass sie sich dessen Anforderungen an ihren Willen unterordnen. Das Fordernde muss eine Individualität sein, die an dieser Stelle real anzutreffen ist – nicht ein kluger Plan.»[1]

Das folgende Kapitel mag mancher Leserin und manchem Leser sehr kritisch erscheinen. Doch meine Ausführungen basieren auf einem teils problematischen Umgang mancher Schulen mit diesem Fachbereich. So kam und kommt es immer wieder zu der Annahme, man könne den Gartenbauunterricht «irgendwie so nebenher» abdecken. Zynischer ausgedrückt: Schließlich gibt es immer Menschen an der Schule, die über «irgendwelche gärtnerischen Erfahrungen» verfügen und *nur noch* ein paar Fachstunden benötigen.

Doch – jedes Schulfach wird aus einer bestimmten pädagogischen Grundüberzeugung heraus ausgewählt und angeboten. Wenn eine Schule von dem Sinn und der Wichtigkeit eines Faches überzeugt ist, so muss sie auch dafür Sorge tragen, dass es qualifiziert besetzt und durchgeführt werden kann. Ist dies nicht der Fall, stellt sich die Frage, warum überhaupt dieses Fach angeboten werden soll!

Es darf auch nicht geschehen, dass innerhalb einer Schule – beispielsweise unter dem Aspekt der «Abitur-Relevanz» – zwischen einzelnen Fächern unterschiedlich gewertet wird und Sprachen oder Naturwissenschaften finanziell und personell besser gestellt werden als handwerkliche und künstlerische Fächer. Wird eine bestimmte pädagogische Ausrichtung verfolgt, sollte eine intensive Auseinandersetzung mit den Qualitäten und Zielen jedes einzelnen Faches erfolgen. Wer genau und fair analysiert, wird dabei feststellen, dass es vor allem die künstlerisch-handwerkliche Betätigung und der dazugehörende Unterricht sind, die den Schülerinnen und Schülern hilft, viele wichtige Fähigkeiten und Kompetenzen zu entwickeln, die in den oberen Klassenstufen dazu führen, auf intellektueller Ebene zielgerichtet und selbstverantwortlich mit theoretischen Themen umzugehen!

Der Gartenbauunterricht ist ein Fach, das komplexe Fähigkeiten der Lehrkraft voraussetzt. Schließlich ist der Garten das größte und abwechslungsreichste Klassenzimmer, das es an einer Schule geben kann. So hat die Lehrkraft nicht nur die verschiedenen gärtnerischen Aufgaben zu kennen und zu vermitteln, sondern gleichzeitig ihre Schülerinnen und Schüler auf einer großen Fläche im Blick zu behalten, sie mit verschiedenen, passenden Aufgaben zu versorgen und sinnvoll anzuleiten.

Um dieser Aufgabe gewachsen zu sein, ist es sehr wichtig, dass die Lehrkraft sowohl gärtnerisch-handwerklich als auch pädagogisch gut ausgebildet ist. Deshalb ist es auch kein Zufall, dass ein großer Teil der derzeitigen Gartenbaulehrerinnen und -lehrer im ersten Beruf eine Ausbildung als Gärtner, Landwirt, Agraringenieur, Landschaftsgärtner oder ähnliches besitzt – und dies in der Regel auch als Voraussetzung gefordert wird (siehe Anhang: *Umfrage zur Situation des Gartenbauunterrichts an Waldorfschulen*). Bereits Rudolf Steiner bemerkte in der Konferenz vom 30. Juli 1920 an der Stuttgarter Waldorfschule zur Personalfrage im Gartenbau:

«(...) Etwas anderes kommt dadurch hinein, dass wir Gartenbauunterricht geben. Das erfordert auch eine sachverständige Kraft.»[2]

Immer wieder gibt es Lehrkräfte, die Interesse an dem Gartenbauunterricht haben und annehmen, dass sie mit ihrer «Hobby-Gärtnerei» im Hausgarten oder auf ihrem Balkon dieser Aufgabe gewachsen sind. Sicherlich ist es möglich, auf dieser Basis einzelne kleine erfolgreiche Gartenprojekte durchzuführen. Wer jedoch über mehrere Schuljahre hinweg einen fundierten Unterricht durchführen möchte, muss eine entsprechende, fachliche Grundlage mitbringen!

Rudolf Steiner stellte zur damaligen personellen Besetzung im Gartenbau der Stuttgarter Waldorfschule weiter kritisch fest:

«(…) Es zeigt sich mir, dass er nicht genügend praktische Begabung hat, dass die Arbeiten, die er machen lässt, nicht gut sein können, weil er selbst nicht den Blick dafür hat, was exakt ist. (…) Was aber das Schwerwiegendste ist, das ist, dass er kein Herz für die Dinge aufgebracht hat, die ihm oblagen.»[3]

Auch wenn es nicht die Aufgabe des Gartenbauunterrichts in der Mittelstufe ist, aus den Kindern «kleine Gärtnermeister» zu machen und sie mit theoretischem Fachwissen abzufüllen, so spüren die Schülerinnen und Schüler doch sehr schnell, ob sich die jeweiligen Lehrkräfte souverän in diesem Fach bewegen und authentisch und sicher mit den Aufgaben umgehen! Damit ist nicht gemeint, dass die Gartenbaulehrkraft immer alle Fragen beantworten können muss – schließlich ist nach Rudolf Steiner ein «guter» Lehrer, wer ein «Lernender» bleibt! Doch ist es unabdingbar, dass sich die Lehrkraft ganz mit ihrer Aufgabe verbunden hat und sich mit einer gewissen Sicherheit und fundiertem Basiswissen in ihrem riesigen, sich ständig verändernden «Klassenzimmer» bewegt.

Wie muss es auf die Schülerinnen und Schüler wirken, wenn die Lehrerin oder der Lehrer mit ihnen im Garten steht und selbst nicht genau weiß, welcher Schritt als erstes im Frühjahr zu tun ist, welche Pflanzen vorgezogen werden müssen, welche Abstände bei der Aussaat zu beachten sind oder welches Gartengerät am besten zum Einsatz kommt! Besonders bedenklich wird es, wenn die Lehrkraft die jungen Nutzpflanzen vom Wildkraut nicht zu unterscheiden vermag und so die spätere Ernte bereits beim Jäten eliminiert wird. Wie enttäuschend ist es für die Schülerinnen und Schüler, wenn, aufgrund solcher Unkenntnis, die Arbeit vieler Monate in erster Linie zu Misserfolgen führt.

Hat der Lehrer zu wenig fundiertes gärtnerisches Fachwissen und unterlaufen gerade deshalb zu viele Fehler, so wird die gesamte pädagogische Aufgabe des Gartenbauunterrichts sehr schnell in Frage gestellt.

Die bis hierher ausgeführte kritische Betrachtungsweise darf jedoch nicht missverstanden werden! Es gibt keinen Menschen, der von Beginn an das gesamte Gebiet beherrschen kann. Gerade im gärtnerischen Bereich ist es so, dass sich das eigene Wissen mit dem Tun und jeder neuen Saison ständig erweitert. Schließlich hängen viele der Erfolge und Misserfolge direkt mit dem Standort des Gartens zusammen: Das Klima, die Licht- und Wasserverhältnisse sowie die Bodenqualität spielen eine große Rolle! Die Lehrkraft muss ihren Garten erst einmal kennenlernen! In fast keinem anderen Arbeitsbereich gibt es so viele Faktoren, die variabel und vom Standort abhängig sind.

Der Beruf des Gartenbaulehrers bzw. der Gartenbaulehrerin bietet ein unglaublich vielfältiges und spannendes Aufgabengebiet. In nur sehr wenigen Arbeitsfeldern hat man heutzutage so viele Gestaltungs- und Entfaltungsmöglichkeiten! Damit verbunden sind aber eben auch bestimmte Anforderungen: Die Lehrkraft sollte einen inneren Bezug zur Natur und ihren Zusammenhängen spüren und besitzen, sie sollte ständig bereit sein, sich mit neuen Phänomenen auseinanderzusetzen oder Neues zu erlernen und muss viel Ausdauer und Durchhaltevermögen beweisen. Besonders ohne die zuletzt genannten Fähigkeiten ist es kaum möglich, einen Schulgarten erfolgreich zu führen!

Jede angehende Gartenbaulehrkraft sollte sich im Klaren darüber sein, dass sie in den meisten Fällen ihr Fach ganz alleine an einer Schule zu vertreten hat und damit eine große Verantwortung übernimmt! Es wird ihre Aufgabe sein, das Fach im Kollegium, aber auch gegenüber der Elternschaft zu vertreten. Nur in wenigen Fällen hat eine Gartenbaulehrkraft eine Fachkollegin oder einen Fachkollegen an der Schule, mit der oder dem sie sich austauschen oder gar Arbeitsbereiche teilen kann.

Des Weiteren sollte einem bewusst sein, dass der Gartenbauunterricht – anders als in anderen Fächern – nicht immer geregelte bzw. planbare Arbeitszeiten mit sich bringt. In der Vegetationszeit bestimmen die Wetterverhältnisse und das Wachstum der Pflanzen, was, wann zu tun ist. Es kann durchaus vorkommen, dass man auch am Wochenende zum Gießen in den Garten fahren muss oder dass Rasenmähen, Jäten oder Pikieren bestimmter Pflanzen nicht weiter aufgeschoben werden können. Abgesehen davon, kann der Garten natürlich auch nicht in den Frühjahrs- oder Sommerferien über längere Zeit unbetreut bleiben (siehe Kapitel 10.6 *Die Bedeutung der Gartenpflege in den Ferien*). Schlussendlich ist der Beruf der Gartenbaulehrerin und des -lehrers mit anstrengender, körperlicher Arbeit verbunden und verlangt Kondition, Ausdauer und Kraft. Viele Arbeiten lassen sich nicht ausschließlich im Unterricht durchführen und erfordern daher den ganzen Einsatz der Lehrkraft.

## Anmerkungen

1 Mackensen, M. von: Zum Gartenbau, In: Lange, Peter (Hrsg.): *Pädagogischer Gartenbau. Gartenbauunterricht an Rudolf-Steiner-Schulen,* Heft 1–3, Auslikon 1995, Heft 1, Seite 9.

2 Steiner, Rudolf: Konferenz vom 30. Juli 1920. In: Ders.: *Konferenzen mit Lehrern der Freien Waldorfschule Stuttgart 1919–1924*, Band I–III, GA 300a–c, Dornach 1975, Band I, Seite 193–200.

3 Ebd.

# 10 Der Gartenbauunterricht im Schulzusammenhang

Kaum ein Unterrichtsfach bietet so vielfältige Möglichkeiten, über den Unterricht hinaus aktiv zu werden und sich auch auf anderen Ebenen in den Schulalltag einzubringen. Im Gegenzug erfordert die Einzelstellung des Faches aber auch aktives Bemühen, um den Gartenbau als ernstzunehmenden Bereich zu etablieren und in den Fokus einer Schulgemeinschaft zu rücken. Schnell kann es passieren, dass die zuständige Fachkraft so intensiv mit den alltäglichen Aufgaben im Unterricht und dem Garten befasst ist, dass sie den regelmäßigen Kontakt zum Kollegium und den Eltern zu selten bewusst gestaltet. Das kann dazu führen, dass in einem großen Teil des Kollegiums und der Elternschaft Unwissenheit über die vielfältige Arbeit in diesem Bereich herrscht. Wie oft war ich schon erstaunt über Kolleginnen und Kollegen oder Eltern, die plötzlich im Sommer im Garten standen, fasziniert die Blütenpracht und die Beete der Kinder bewunderten und nicht glauben wollten, dass es so etwas an ihrer Schule – nicht erst seit kurzem – gibt.

Die Betreuung eines Schulgartens ist in der Regel mit viel Arbeit verbunden und ich habe noch keine Kollegin und keinen Kollegen getroffen, die sich über Langeweile beklagt hätten! Neben der fachbezogenen Arbeit kommen natürlich auch noch die allgemeinen Aufgaben der Selbstverwaltung, Konferenzen etc. hinzu. Doch so, wie ein Klassenlehrer oder eine -lehrerin neben dem normalen Unterricht weitere Aufgaben hat, wie beispielsweise Klassenfeste organisieren, Elternabende abhalten, Klassenreisen durchführen oder Theaterstücke einüben, so gehören auch zum Gartenbau weitere Bereiche, wenn dieses Fach an der Schule gut etabliert sein soll.

Der Gartenbauunterricht ist mit einem relativ hohen Zeit- und Kostenaufwand verbunden, sodass dieses Fach an manchen Schulen kritisch beäugt wird und – wenn es nicht gut und attraktiv gestaltet wird – schnell auf der Liste der möglichen Einsparungsmaßnahmen landet ... Doch der Schulgarten bietet so viele Möglichkeiten, die Schulgemeinschaft durch sein lebendiges und verbindendes Element zu bereichern und über den Unterricht hinaus seine Wirkung zu entfalten! In den nachfolgenden Unterkapiteln werden einige Punkte genauer dargestellt, die dazu beitragen können, das Fach bewusst in den Schulorganismus zu integrieren – und zudem auch die eigene Arbeit verbessern und erleichtern.

## 10.1 Aktionen mit Eltern – Gartenarbeitstage

In einem Garten stehen immer wieder Aufgaben an, die während der regulären Unterrichtsstunden nur schwer umzusetzen sind. Ob es nun das Ziehen eines Zaunes ist, das Fällen von Bäumen oder größere Bauprojekte anstehen. Einerseits schränkt in der Regel die zur Verfügung stehende Stundenzahl die Möglichkeiten ein, andererseits gibt es Aufgaben, die für Kinder körperlich zu schwer oder fachlich zu anspruchsvoll sind. Auch lassen sich manche Projekte nicht mit größeren Gruppen durchführen, weil die Anleitung und Betreuung der einzelnen Schülerinnen und Schüler durch eine einzelne Fachkraft dabei nicht ausreichend gewährleistet werden kann.

Da es in den meisten Fällen zu teuer ist, für derartige Arbeiten Firmen zu beauftragen, bietet es sich an, mehrmals im Jahr Gartentage mit Eltern zu veranstalten. Häufig finden sich in der Elternschaft sogar Personen, die beruflich im handwerklichen oder gärtnerischen Bereich tätig sind und gerne mithelfen oder ihr «Know-how» und entsprechende Gerätschaften zur Verfügung stellen.

Gewächshausbau im Schulgarten mit Elternhilfe in einer «Samstagsaktion».

Wie wichtig und bereichernd ist es für beide Seiten, wenn sich durch gemeinsame Aktionen eine positive Bindung zu dem Unterrichtsfach entwickeln kann! Es ist für die zuständige Lehrkraft von unschätzbarem Wert, dass die Arbeit von der Elternschaft wahrgenommen und getragen wird, da sie ja ansonsten in der meisten Zeit allein auf sich gestellt ist.

Gemeinsame Aktionen mit den Eltern helfen nicht nur, jedes Jahr einige größere Arbeiten durchzuführen, die sonst liegen bleiben würden, sondern führen auch dazu, dass sich eine Beziehung zur Elternschaft aufbauen kann, die sonst nur schwer entsteht. Im Gegensatz zu Klassenlehrerinnen und Klassenlehrern haben Fachkolleginnen und -kollegen in der Regel selten direkten Kontakt zu den Eltern – es sei denn, schwierige Situationen mit den Kindern machen ein Telefonat notwendig ... So ist es für beide Seiten sehr wohltuend, sich ungezwungen, ohne konkreten Anlass (in Bezug auf die Kinder) und bei gemeinsamer Tätigkeit zu begegnen!

Wichtig ist allerdings, dass Gartenaktionen lange im Voraus und vielfältig beworben werden: auf Elternabenden, durch «Ranzenpost» oder in der Schulzeitung. Ein langer Atem ist oft notwendig, um genügend Eltern zu mobilisieren! Gelingt dies, so kann daraus durchaus ein konstantes Wohlwollen und Interesse entstehen: Viele Eltern werden dann zu treuen Begleitern und unterstützen die Arbeit über Jahre hinweg.

Gemeinsame Aktionen müssen gut geplant und vorbereitet werden, damit sie mit einem erfolgreichen Ergebnis abgeschlossen werden können. Es ist zu bedenken, dass sich die teilnehmenden Eltern mit sehr unterschiedlichen Fähigkeiten und Arbeitstempi einbringen, was eine exakte Einschätzung im Voraus erschwert. Voraussetzung für einen möglichst reibungslosen Ablauf ist jedoch, dass Arbeitsmaterial und Werkzeuge in ausreichender Menge bereit liegen und nicht erst zusammengesucht werden müssen, wenn die «Hilfskräfte» voller



Zwei Väter packen kräftig mit an bei einem Gartenarbeitstag. ▻

Tatendrang loslegen möchten! Auch sollte vorher klar sein, dass eine Person anwesend ist, welche die geplante Aktion fachgerecht anleiten kann! Wenn dies die Gartenbaulehrkraft nicht selbst leistet, so muss im Vorfeld jemand gesucht werden, der dazu bereit ist. Denn sonst entsteht für alle Beteiligten eine chaotische und wenig befriedigende Arbeitssituation. Auch muss man sich genau überlegen, welches Arbeitspensum für einen gemeinsamen Einsatz realistisch ist: Es ist wichtig, sich nicht zu viel vorzunehmen – schließlich sollen die Eltern mit Freude an den Tag zurückdenken und bereit sein, auch zukünftig zu helfen! Außerdem kann es passieren, dass nach einigen Stunden die ersten Helferinnen und Helfer gehen müssen, sodass nach und nach die Gruppe schrumpft und am Ende die wenigen Übriggebliebenen gezwungen sind, die Arbeit fertigzustellen.

Gemeinsame Arbeitsaktionen im Garten sind – wie bereits erwähnt – einerseits von Bedeutung, um im Schulgarten Bauprojekte zu erstellen oder Reparaturarbeiten durchzuführen, die im Unterricht nicht geleistet werden können. Andererseits steht das Element des «gemeinsamen Tuns» im Vordergrund: Die Arbeit soll Freude bereiten und möglichst in fröhlicher, lockerer Atmosphäre erfolgen – ohne Stress und Druck! Dazu kann eine schön gestaltete Pause mit einer kleinen Stärkung beitragen: Verschiedene Getränke, Obst, Kekse, belegte Brötchen oder bei kaltem Wetter ein Topf Suppe stoßen bei den Helferinnen und Helfern sicherlich auf große Zustimmung und drücken wenigstens in kleiner Form die Dankbarkeit und Anerkennung für ihre Hilfe aus!

Gemeinsam mit den Eltern lässt sich viel bewegen: So sind in meinem Schulgarten über die Jahre gemeinsam Zäune abgerissen und neu gesetzt, das Dach des Gartenhauses mit Pfannen eingedeckt, Drainagen verlegt, ein Gewächshaus gebaut worden etc. Es können auch neue Wege gepflastert, Wasserleitungen gezogen, Insektenhotels und Kräuterspiralen gebaut oder Teiche angelegt werden. Es gibt fast keinen Bereich, der sich nicht mit Eltern bewerkstelligen lässt, denn mit etwas

Eltern, Schüler, kleine Geschwister – alle helfen fleißig mit!

«Recherche» in der Elternschaft stellt sich meist schnell heraus, dass es an einer Schule fast für alle Berufsfelder Experten gibt, die gerne bereit sind, ihr Wissen zur Verfügung zu stellen!

## 10.2 Verkaufsaktionen und ihre vielschichtige Bedeutung für das Fach

Bienenwachskerzen, Teemischungen, Kräutersalz, Marmelade, Apfelsaft, Vogelfutterglocken, Nistkästen, eingekochtes Gemüse oder Jungpflanzen: Verkaufsaktionen bieten sich für das Fach Gartenbau geradezu an. Dabei gibt es viele Möglichkeiten: Weihnachtsbasare, Oster- und Herbstmärkte oder einen Jungpflanzenverkauf mit Sommerblumen und Gemüsepflanzen.

In wenigen Fächern gehört die Herstellung von Produkten so selbstverständlich zum Unterricht und muss nicht erst «künstlich» integriert werden! Für die Schülerinnen und Schüler kann sich der Sinn ihrer Arbeit dadurch sogar noch erhöhen: Sie erleben, dass Menschen bereit sind, für «ihre» Produkte Geld auszugeben, und das erfüllt sie mit Stolz. Andererseits erfahren sie, dass diese Verkäufe auch für den Fachbereich wichtig sind: Aus den Einnahmen können notwendige Dinge für den Unterricht angeschafft werden.

Doch es gibt zahlreiche weitere Gründe, mehrmals im Jahr Verkäufe aus dem Gartenbaubereich anzustreben: Durch dieses Angebot öffnet sich das Fach gegenüber der Schulgemeinschaft, anderen Klassen, Fachkollegen und Eltern. Sie nehmen plötzlich die Arbeit dieses Bereiches wahr! Sie erhalten einen kleinen Einblick in das Geschehen des Gartenbauunterrichts, welches sonst oft im «Verborgenen» abläuft bzw. häufig im Schulalltag nicht registriert wird.

Der Gartenbauunterricht stellt einen Bereich dar, der in seiner Arbeitsweise aus dem üblichen Fächerkanon einer Schule heraus fällt. Doch das Bewusstsein dafür muss mühsam geschaffen werden. Dadurch, dass in den meisten Fällen eine Fachkraft alleine für diesen Bereich zuständig ist, stellt sich hier eine zusätzliche Aufgabe, die im «Alltagsgeschäft» schnell in Vergessenheit geraten kann. Werden allerdings regelmäßige Verkaufsaktionen in den Jahreslauf integriert, kann man feststellen, wie sich das Bewusstsein an der Schule für dieses Fach verändert: Plötzlich entstehen Gespräche mit Kolleginnen und Kollegen oder Eltern, die bis dahin noch nie den Weg in den Schulgarten gefunden haben.

Abgesehen von den bisher genannten Gründen, erweitern regelmäßige Verkaufsaktionen die Möglichkeiten für den Unterricht. Je nachdem, wie groß die zu bewirtschaftende Gartenfläche ist und wie viele Unterrichtsstunden zur Verfügung stehen, kann die Herstellung von Verkaufsprodukten sinnvoll und notwendig sein: Es ist wichtig

Sechstklässler sind auf dem jährlichen Martinsbasar – unter Anleitung – für den Verkauf der Kerzen zuständig.

für die Schülerinnen und Schüler zu erleben, dass sie nicht nur «in kleinem Stil» für sich selbst arbeiten, sondern dass ihr ganzer Einsatz gefordert ist, um «Menge» zu produzieren! Hierbei können sie ansatzweise spüren, welcher Aufwand (zum Beispiel in gärtnerischen oder landwirtschaftlichen Betrieben) notwendig ist, um Gewinn zu erzielen und davon leben zu können.

Was für ein anderes Arbeiten ist es, wenn zum Beispiel nicht nur «gemütlich» einige wenige Paletten für die eigenen Beete vorgezogen und pikiert werden, sondern wenn diese Arbeit «im Akkord» erfolgen muss, weil ein Großteil verkauft wird! Hierbei erleben die Schülerinnen und Schüler außerdem verstärkt, dass es auf Genauigkeit und Sorgfalt ankommt, da sonst das Endprodukt keine Abnehmer findet und die Arbeit umsonst war! Und gerade mit der beginnenden

Pubertät fällt es Schülern besonders schwer, auch nur einen zusätzlichen Handstreich auszuführen ... Gerade jetzt ist es wichtig, dass die Schülerinnen und Schüler angehalten werden, nicht nur für sich selbst, sondern darüber hinaus für andere aktiv zu werden!

### 10.2.1 Verkauf von Sommerblumen und Gemüsejungpflanzen

Falls sowohl von der Anzahl der Stunden als auch von der Ausstattung ausreichend Kapazitäten bestehen, bietet sich die wunderbare Chance, die Anzucht von Blumen und Gemüsejungpflanzen über die für den Schulgarten benötigte Menge hinaus zu betreiben! Einerseits kommen die Schülerinnen und Schüler kräftig ins Arbeiten und erleben größere Produktionsabläufe, als wenn sie nur für sich selbst bzw. den Garten Pflanzen ziehen, andererseits kann ein Verkauf für die Schulöffentlichkeit stattfinden: Viele Eltern schätzen es sehr, wenn sie Salat, Kürbis, Tomaten, Kohlrabi, Zucchini oder Chili und diverse Sommerblumen in der Schule kaufen können! Sie wissen, dass zum Teil ihre eigenen Kinder an dieser Arbeit beteiligt waren, und freuen sich außerdem, wenn die Töpfe etwas günstiger sind als in der Gärtnerei! Über diesen Weg kann ebenfalls der Blick von Eltern und Kollegium auf den Gartenbauunterricht gelenkt und die dort stattfindende Arbeit ins Bewusstsein gerufen werden!

Der Garten an unserer Schule ist überschaubar und somit die benötigte Anzucht eher gering. Die Menge für die eigene Fläche lässt sich aber nie ganz genau berechnen, weil die Keimrate einzelner Sorten sehr unterschiedlich ausfallen kann. Deshalb empfiehlt es sich, einen «Puffer» einzuplanen und doch größere Mengen auszusäen, als letztendlich gebraucht werden. Entstehen dann Überschüsse, die im Garten keinen Platz finden, so lassen sich diese hervorragend verkaufen! Deshalb betreibe ich seit Jahren im späten Frühjahr eine Verkaufsaktion für Eltern und das Kollegium!

Im Unterricht vorgezogene und getopfte Jungpflanzen für den Verkauf.

Die Verkaufsaktionen der vergangenen Jahre haben dazu geführt, dass einige Eltern mittlerweile regelmäßig kommen und gezielt fragen, wann es wieder Pflanzen gibt. Sie entwickeln zu diesen einen ganz besonderen Bezug: Denn die Eltern berichten die ganze Saison über immer wieder begeistert, wie groß die Pflanzen mittlerweile geworden sind, wie sie sich entwickeln und wann sie endlich die ersten Blüten zeigen!

Ganz nebenbei erleben die Schülerinnen und Schüler, dass ihre Arbeit einen «realen» Wert besitzt, dass Menschen extra kommen, um die von ihnen gezogenen, pikierten und eingetopften Pflanzen für Geld zu erwerben! Sie erleben, dass ihre Arbeit über den Unterricht hinaus Wertschätzung erfährt! Es entwickelt sich ein gewisser Stolz und dies animiert außerdem, mit besonderer Sorgfalt zu arbeiten! Es kann den Kindern überzeugend vermittelt werden, dass natürlich nur gut gewachsene, gepflegte und kräftige Pflanzen verkauft werden können. Darüber hinaus wirkt es motivierend, dass das eingenommene Geld Unterricht und Garten – und letztlich den Schülerinnen und Schülern selbst – zugute kommt. So lässt sich in gewisser Weise wieder ein Kreislauf schließen und aufzeigen, dass Saatgut, Töpfe, Erde und Gerätschaften nicht umsonst zu haben und somit auch alle Ernteprodukte, die den Kindern direkt zugute kommen, mit hohen Kosten verbunden sind. Natürlich lassen sich die Ausgaben des Unterrichts über solche Aktionen nicht decken, aber das Bewusstsein dafür kann geschult und die Achtsamkeit im Umgang mit Saatgut, Pflanzen und Zubehör spürbar erhöht werden.

Der Verkauf an sich kann durch die Schülerinnen und Schüler erfolgen, beispielsweise während bestimmter Unterrichtsstunden, wo zwei von ihnen für diese Aufgabe eingeteilt werden. Bei dieser Variante ist es besonders schön, dass die Kinder die Möglichkeit haben, in gewohnter Umgebung, aber trotzdem unter «realen» Bedingungen das Zugehen auf Menschen und Bedienen von Kunden sowie das Berechnen von Preisen und Herausgeben von Wechselgeld zu üben – ohne dem Druck ausgesetzt zu sein, dass alles auf Anhieb reibungslos klappen muss! Denn die Eltern bringen in der Regel die nötige Geduld und Verständnis für ihre Kinder mit!

## 10.3 Elternabende

Wie schon an mehreren Stellen erwähnt, ist Gartenbau ein Fach, in welchem bewusst der Kontakt zur Schulöffentlichkeit gesucht und gepflegt werden muss, weil häufig die äußeren Rahmenbedingungen dazu führen können, dass dieser Unterricht im Schulalltag nicht bzw. wenig in Erscheinung tritt.

Da es im Gartenbau keine Theateraufführungen, schriftliche oder künstlerische Präsentationen, Konzerte oder Beiträge auf Monatsfeiern gibt, also Möglichkeiten, mit denen sich andere Fächer durch ihre erarbeiteten Inhalte präsentieren können, ist es wichtig, dass die Elternschaft auf anderen Wegen einen Einblick in die Arbeit erhält.

Besonders wichtig sind diesbezüglich Elternabende. Hier hat die Gartenbaufachkraft die Chance, ihr Arbeitsgebiet ausführlich darzustellen. Vorrangig sollte es dabei darum gehen, den Eltern in anschaulicher und verständlicher Weise die Qualitäten des Faches, bezogen auf die menschenkundliche Entwicklung der Kinder, näher zu bringen und zu verdeutlichen, wie wertvoll die gärtnerische Arbeit für das Erlernen vieler Fähigkeiten und Kompetenzen ist. Des Weiteren geht es natürlich darum, den Eltern einen Überblick über die Lerninhalte des kommenden Jahres zu verschaffen; es kann in manchen Fällen auch durch kleine praktische Arbeitsbeispiele den Eltern ein buntes und lebendiges Bild vom Unterrichtsfach gezeichnet werden! Außerdem kann ein Rundgang durch den Schulgarten als Einstieg sehr geeignet sein!

Ganz besondere Bedeutung kommt dem ersten Elternabend in einer Klasse zu. Dieser sollte stattfinden, kurz bevor das Fach neu in der Klasse eingeführt wird! Dadurch besteht die beste Möglichkeit, die Elternschaft bereits im Vorfeld mit den Inhalten und der Vielfalt des Faches bekannt zu machen und dafür zu erwärmen, um von Beginn an den Weg zu ebnen, für eine positive und engagierte Unterstützung des Fachbereiches und eine gute Zusammenarbeit mit der Klasse über mehrere Jahre hinweg.

Dafür ist es unbedingt notwendig, dass sich die zuständige Lehrperson intensiv auf anstehende Elternabende vorbereitet und durch kompetentes und sicheres Auftreten diesen Weg unterstützt. Wirkt sie unsicher oder kann sie die Unterrichtsinhalte nicht pädagogisch sinnvoll begründen, kann das über lange Zeit hinweg negative Auswirkungen nach sich ziehen und die Arbeit auf mehreren Ebenen schwächen!

Gerade neue Kolleginnen und Kollegen sind sich oft nicht im Klaren darüber, wie sie sich und ihr Fach auf einem Elternabend präsentieren sollen: Sie haben noch keine Erfahrungen sammeln können, wie Klassenlehrer oder -lehrerinnen ihre Elternabende durchführen und in welcher Form und Ausführlichkeit andere Fachkolleginnen und -kollegen in der Regel ihr Fach vorstellen. Deshalb ist es wichtig, dass man sich zuallererst damit auseinandersetzt, was einem bezüglich der eigenen Arbeit wichtig erscheint! Hilfreich ist es, sich selbst im Vorfeld schriftlich zu veranschaulichen, welche pädagogischen Ziele dem Gartenbauunterricht zugrunde liegen, welche Konsequenzen das für die eigene Unterrichtsgestaltung nach sich zieht und wie man das vermitteln möchte. Im zweiten Schritt sollte dann eine Absprache mit dem Klassenlehrer oder der Klassenlehrerin über den zeitlichen Rahmen erfolgen. Falls noch Unsicherheiten über die inhaltliche Gestaltung der Präsentation bestehen, empfiehlt es sich, den Austausch mit erfahrenen Kollegen nicht zu scheuen und sich auch mit dem Mentor zu beraten, falls einer zur Verfügung steht.

Im Vordergrund eines Elternabends sollte stehen, dass sich die Eltern – genau wie ihre Kinder im Unterricht – «mitgenommen» fühlen, dass sie ein «lebendiges», vielfältiges Bild von dem vermittelt bekommen, was ihre Kinder in den kommenden Jahren erwartet! Kann bei den Eltern Verständnis, Neugier und Begeisterung für das Fach geweckt werden, so wird dies in der nachfolgenden Zeit – mehr oder weniger bewusst – den Unterricht stärken. Denn diese Haltung wird zu Hause auch gegenüber den Kindern vermittelt werden und Einfluss auf deren eigene Einstellung haben!

Je besser der erste Eindruck ist, der auf einem Elternabend zum Fachbereich Gartenbau hinterlassen wird, desto einfacher wird es sein, zukünftig Eltern zu gewinnen, sich für dieses Fach aktiv einzusetzen und bei Bauaktionen zu helfen, einmal Gießdienst in den Ferien zu übernehmen oder an einem Pflegeeinsatz teilzunehmen! Abgesehen davon, vermindert man durch eine transparente Vorgehensweise und eine regelmäßige Einbindung der Eltern, die Gefahr von Gerüchten und Missverständnissen, welche sehr schnell entstehen und hartnäckig kursieren können! Sollte es einmal mit einzelnen Schülerinnen oder Schülern zu Problemen kommen, die sich nur in Verbindung mit den Eltern klären lassen, dann ist es ebenfalls von Vorteil, wenn die Betroffenen sich bereits ein eigenes Bild vom Unterrichtsfach und der zuständigen Lehrkraft machen konnten.

## 10.4 Internetauftritt

Viele Schulen haben mittlerweile einen guten Internetauftritt, in dem sie ihre pädagogische Arbeitsweise und die einzelnen Unterrichtsfächer darstellen, aber auch aktuelle Termine und Veranstaltungen bekannt geben. Diese Seiten werden zunehmend genutzt – von neuen Eltern, die sich vorab über eine Schule informieren möchten, durchaus aber auch von der Schulgemeinschaft selbst. Was liegt da näher, als auch den Bereich Gartenbau fundiert und anschaulich mit Text und Fotos vorzustellen?

Meistens ist es so, dass die Kollegen gebeten werden, einen entsprechenden Text für ihr Fach zu formulieren und zur Verfügung zu stellen. Im Schulalltag gerät dieses Anliegen aufgrund des täglichen Arbeitspensums schnell in Vergessenheit und es dauert häufig sehr lange, bis alle Fachgebiete auf einer Schulseite im Internet vertreten sind.

Hier bietet sich eine nicht zu unterschätzende Chance, das Fach Gartenbau zu unterstützen. Dadurch erfahren nicht nur Eltern von dieser Arbeit, die sich unverbindlich für eine Schule oder die Waldorfpädagogik im Allgemeinen interessieren, sondern auch Eltern, deren Kinder bereits an der Schule sind. Außerdem lässt sich über dieses Medium auch auf aktuelle Termine hinweisen: Pflanzenverkäufe, Bauprojekte im Garten etc. Mit Fotos und kurzen Texten können darüber hinaus vergangene Projekte dokumentiert und vorgestellt werden, was den Einblick in dieses Unterrichtsfach lebendiger und persönlicher gestaltet!

## 10.5 Kollegiumsarbeit

Wie häufig hat bei Ihnen schon eine Kollegin oder ein Kollege im Schulgarten vorbei geschaut und sich dort interessiert umgesehen oder nach Ihrer Arbeit erkundigt? Sicherlich – das kommt vor, aber es gehört auch ein ganzes Stück Arbeit dazu, das Interesse zu wecken! Häufig liegt der Garten sogar außerhalb, noch etwas entfernt vom Schulgelände, sodass es zusätzlichen zeitlichen Aufwand bedeutet, sich dort hinzubegeben. Abgesehen davon, sind die meisten Kolleginnen und Kollegen so stark mit ihren eigenen Aufgaben beschäftigt, dass Zeit und Interesse für andere Arbeitsgebiete schnell auf der Strecke bleiben. Wie auch für jeden anderen Schulbereich ist es wichtig, dass der Schulgarten und die dortige Arbeit ein Stück weit im Bewusstsein des Schulkollegiums leben. Nur wenn eine Vorstellung von dem vorhanden ist, was in diesem Fach geleistet wird und abläuft, wird eine Schule bereit sein, in bestimmten Situationen notwendige Investitionen oder wichtige Veränderungen und Entscheidungen zu unterstützen.

Was bietet sich also besser an, als das Kollegium hin und wieder in den Garten einzuladen? Es gibt zum Beispiel die Möglichkeit, eine gemeinsame Konferenz mit einem Rundgang durch den Garten zu beginnen. Viele Kolleginnen und Kollegen entwickeln auch Spaß und Freude daran, wenn mit ihnen kurze Arbeitseinheiten durchgeführt werden: Aussaaten in Anzuchtpaletten, Pikieren von Jungpflanzen oder im Winter Kerzen ziehen. Wenn man ein bisschen nachdenkt, ergeben sich ganz schnell viele kleine interessante Aufgaben aus dem Unterricht, die auch einmal mit dem Kollegium durchgeführt werden können, um einen Einblick in die Arbeit zu geben!

Vor längerer Zeit habe ich zu Beginn einer pädagogischen Konferenz mit dem Kollegium Aussaaten in Paletten vorgenommen. Es war interessant zu beobachten, mit welcher Lebendigkeit die Kollegen bei dieser Tätigkeit vorgingen und sich angeregt darüber austauschten, ob und wie es ihnen gelang, die Samen in den einzelnen Töpfchen zu platzieren. Ein Eurythmiekollege verlor dabei fast die Geduld und beteuerte entrüstet, dass er an einer derartigen Aktion nicht noch einmal teilnehmen würde! Dagegen gingen andere Kolleginnen und Kollegen mit stoischer Ruhe vor und legten jedes Samenkorn einzeln und mittig in die Töpfchen. Nach einigen Wochen nahm ich die Paletten mit in die Konferenz und zeigte dem Kollegium das Ergebnis der Arbeit: Es war erstaunlich zu sehen, wie unterschiedlich die Pflänzchen in den einzelnen Paletten wuchsen – obwohl alle Kolleginnen und Kollegen die gleiche Aufgabe erhalten hatten!

Sowohl bei einem Gartenrundgang als auch bei gemeinsamen Tätigkeiten ist es möglich, ergänzend anschauliche Berichte aus den unterschiedlichen Klassenstufen und dem aktuellen Unterricht zu geben. Aber es ist auch schön, die Kolleginnen und Kollegen durch entsprechende Fragestellungen selbst herausfinden zu lassen, warum einzelne Aufgaben auf bestimmte Weise mit den verschiedenen Klassen durchgeführt werden. Häufig zeigt es sich, dass das Kollegium ganz ähnliche Verhaltensweisen und Gruppendynamiken bei gemeinsamen Arbeiten zeigt wie die Kinder im Unterricht. Genauso haben die unterschiedlichen Kolleginnen und Kollegen auch ganz individuelle Schwierigkeiten in der Umsetzung und können sich dadurch gut in die Lage der Schülerinnen und Schüler versetzen und nachvollziehen, welcher Sinn hinter einer bestimmten Tätigkeit steht.

Eine weitere Möglichkeit besteht darin, Produkte aus dem Schulgarten oder Unterricht in den wöchentlichen Konferenzen auszustellen bzw. anzubieten: Kerzen in der Adventszeit, Marmeladen oder Gelees, selbst gemachte Vogelfutterglocken, die größte Zucchini des Gartens, einen großen Sommerblumenstrauß, Jungpflanzen zum Verkauf bzw. gegen eine Spende für den Gartenbau etc.

Auch wenn das Schuljahr stets wie im Fluge vergeht und sich eine «stressige Phase» mit speziellen Aufgaben an die nächste zu reihen scheint, sollte man sich bemühen, in regelmäßigen Abständen den Schulgarten und die dortige Arbeit wieder ins Bewusstsein des Lehrerkollegiums zu rücken: Abgesehen davon, kommen auch immer wieder neue Kolleginnen und Kollegen dazu, die sich zukünftig ebenfalls für das Fach interessieren sollen!

Obwohl ich mich um eine solche Einbeziehung des Kollegiums bemühe, kommt es auch bei uns immer wieder vor, dass einzelne Kolleginnen und Kollegen erst nach Jahren den Weg in den Schulgarten finden: Vor einiger Zeit entschieden wir in einer Mittelstufenkonferenz, aufgrund des schönen Wetters die Sitzung im Schulgarten abzuhalten. Ein Französischkollege erschien im Garten und rief ganz erstaunt aus: «Ach, hier ist der Schulgarten! So sieht er also aus – darf ich mich mal umschauen?» Ich antwortete ganz perplex, ob er denn noch niemals hier gewesen sei – schließlich ging der Blick von seinen Unterrichtsräumen direkt auf den Schulgarten! Seine Antwort war: «Du hast mich ja nicht eingeladen!» Diese Situation hat mir wieder gezeigt, wie viel Aufwand nötig ist, um das Interesse des Kollegiums zu wecken, und dass dies keinesfalls einfach vorausgesetzt werden kann!

## 10.6 Die Bedeutung der Gartenpflege in den Ferien

Ein schwieriges Thema ist die Betreuung des Schulgartens während der Ferienzeiten. Leider ist es so, dass die Schulferien – bezogen auf den gärtnerischen Jahreslauf – sehr ungünstig liegen. Bereits in den Frühjahrsferien gibt es in der Regel die ersten Anzuchten im Gewächshaus oder Frühbeet, die betreut werden müssen. Die größte Hürde stellen jedoch die Sommerferien dar. Diese sechs Wochen liegen mitten in der Vegetationsperiode der meisten Nutzpflanzen eines Schulgartens!

Natürlich ist es verständlich und notwendig, dass die zuständige Lehrkraft Anspruch auf Ferien erhebt. Besonders nach Ende eines Schuljahres ist es wichtig, dass sie – ebenso wie alle anderen – die Möglichkeit erhält, neue Kraft für das kommende Schuljahr zu sammeln. Gleichzeitig muss aber gewährleistet sein, dass der zuvor mit viel Mühe bestellte Schulgarten während dieser Zeit nicht vollkommen überwuchert und die anstehende Ernte verkommt oder vertrocknet. Schließlich betätigen wir uns über Monate mit den Schulklassen, um nach den Ferien die Früchte der Arbeit zu ernten! Der gesamte Unterricht ist letztendlich auf die «Sinnhaftigkeit» des Tuns ausgerichtet. Wenn nun der Garten in den Sommerferien vernachlässigt wird, stellt sich für die Schülerinnen und Schüler die berechtigte Frage, warum sie im Vorfeld dort mit so viel Einsatz arbeiten sollten.

Wenn man mit diesem scheinbaren Dilemma aber kreativ umgeht, lassen sich unterschiedliche Lösungen finden. Unter anderem ist es möglich, durch einen schriftlichen Aufruf oder auf Elternabenden Familien zu finden, die in Schulnähe wohnen und die das regelmäßige Bewässern des Gartens übernehmen. Es hat sich hierbei bewährt, für mehrere Familien einen «Gießplan» zu erstellen, sodass sich alle Beteiligten nur für einen kurzen, überschaubaren Zeitraum verpflichten müssen.

Des Weiteren gibt es die Möglichkeit, ungefähr in der Mitte der Ferien zwei bis drei «Gartenarbeitstage» mit Eltern und Kindern einzurichten. Außerdem kann man es zur Verpflichtung machen, dass alle Schülerinnen und Schüler mit Einzelbeeten (z.B. in der 6. Klasse) an einem dieser Tage erscheinen müssen, wenn sie zu der Zeit nicht im Urlaub sind. Meine eigenen Erfahrungen haben gezeigt, dass diese Regelung ohne Beschwerden aus den Elternhäusern umzusetzen ist, dass viele Eltern ihre Kinder sogar interessiert begleiten und selbst mithelfen! Allerdings verlangt diese Regelung einen relativ großen organisatorischen Aufwand, da es sich empfiehlt, die Teilnahme an den Terminen durch die Eltern schriftlich bestätigen zu lassen (Elternbriefe mit Rückgabe-Abschnitt).

Die hier beschriebenen Gartentage bieten der Gartenbaufachkraft die Gelegenheit, mit den Schülerinnen und Schülern sowie den El-

Gartentag in den Sommerferien: In fröhlicher Stimmung wird gemeinsam viel geschafft!

tern in einer wesentlich entspannteren Atmosphäre umzugehen, als es im Schulalltag möglich ist. Ein kleiner Mittagssnack und Getränke können noch dazu beitragen, das gemeinsame Arbeiten im Garten zu einem besonders schönen Erlebnis werden zu lassen!

Es gibt aber auch Schulen, welche die Betreuung für mehrere Wochen gegen Bezahlung abgeben, sodass die zuständige Gartenbaukraft in dieser Zeit von jeglicher Verantwortung befreit ist. An anderen Schulen betreut die Gartenbaufachkraft den Schulgarten während der Sommerferien durchgehend und erhält dafür im Winter eine Verlängerung der Weihnachtsferien.

Wenn es der Ablauf des Unterrichts und der Garten in seiner Ausgestaltung zulassen, so ist es ebenfalls möglich, die Fruchtfolgen und den Anbau von einzelnen Kulturen nach dem Termin der Ferien zu planen: Konkret würde das bedeuten, dass die erste Haupternte vor den Ferien erfolgt und danach nur Kulturen angebaut werden, die während der Ferienzeit kaum Pflege bedürfen. Hierbei muss aber einkalkuliert werden, dass unerwartete Wetterbedingungen diese Planung zunichte machen können! Sehr schnell können sich Aussaat- und Erntezeiten verschieben!

## 10.7 Kosten und Finanzierung des Gartenbauunterrichts

Der Gartenbauunterricht gehört zu den finanziell aufwändigen Fächern. Unter anderem entstehen nicht unerhebliche Kosten bei der Neueinführung dieses Fachbereiches: Ein Gartengelände muss beschafft und angelegt werden, unterschiedliche Gartengeräte werden in größerer Anzahl benötigt. Darüber hinaus muss ein multifunktional eingerichteter und nutzbarer Unterrichtsraum mit ausreichend Platz zur Verfügung stehen.

Wie bereits in vorangegangenen Kapiteln angedeutet, können Kosten eingespart werden, indem so viel Arbeit wie möglich bei der Anlage des Gartens und des Unterrichtsraumes mithilfe der Schulgemeinschaft erfolgt. Es kann durchaus von Vorteil sein, wenn sich die Entstehung des Bereiches langsam entwickelt und möglichst viele Menschen daran beteiligt werden. Dadurch erhöhen sich in der Regel das Bewusstsein und die Wertschätzung des Faches.

Wird eine Gartenfläche neu erschlossen, bieten sich viele Arbeiten dazu an, sie im Rahmen des Unterrichts durchzuführen: Besonders Schülerinnen und Schüler höherer Klassenstufen können wertvolle Erfahrungen beim Anlegen von Wegen, dem Ziehen von Zäunen etc. machen.

Im Voraus sollte nicht vergessen werden, eine sorgfältige Planung und Kostenaufstellung vorzunehmen. Es wäre naiv zu glauben, dass sich alle anstehenden Arbeiten in Eigenregie umsetzen lassen. Dabei wird nämlich häufig vergessen, dass das Zeit- und Kräftebudget aller Beteiligten begrenzt ist! Abgesehen davon, fallen natürlich Materialkosten in größerem Umfang an.

Des Weiteren ist es denkbar, bestimmte Bauvorhaben oder Einzelprojekte mit Hilfe von Stiftungen oder ähnliche Institutionen zu unterstützen. Wenn man sich intensiv mit diesem Thema befasst, können sich verschiedene Möglichkeiten auftun, um Gelder zu beantragen.

Abgesehen von den Erstinvestitionen, stehen natürlich die laufenden Kosten im Vordergrund. Neben den Lohnkosten für eine entsprechende Fachkraft fallen regelmäßig Materialkosten an. Ob es die jährliche Saatgutbestellung ist, Bauprojekte im Garten, die Anschaffung und Reparatur von Gartengeräten oder Material für die Winterarbeiten – der Gartenbauunterricht ist mit ständigen Ausgaben verbunden. Um aber einen guten und vielfältig gestalteten Unterricht zu gewährleisten, ist sparen nur sehr beschränkt möglich. Also stellt sich die Frage, mit welchen Mitteln die Ausgaben gering gehalten bzw. ausgeglichen werden können.

Wie bereits in vorangegangenen Kapiteln erwähnt, bieten sich aus verschiedenen Gründen regelmäßige Verkäufe von im Gartenbauunterricht entstandenen Produkten an: Ob es sich nun im Frühjahr um Jungpflanzen handelt oder im Herbst und Winter um Ernteprodukte, selbst hergestellte Marmeladen, Honig, Salben, Saft oder Kerzen – diese Verkäufe können einen Teil der laufenden Kosten abdecken und eventuell die eine oder andere kleinere Neuanschaffung ermöglich.

# 11 Schulübergreifende Zusammenarbeit und Fortbildungsmöglichkeiten

Wie ich an verschiedenen Stellen aufgezeigt habe, gestaltet sich Gartenarbeit von Schule zu Schule sehr unterschiedlich. Dadurch, dass vor allem die äußeren Gegebenheiten für dieses Fach so individuell ausfallen, stehen Gartenbaulehrkräfte immer wieder vor der Situation, speziell für die Gestaltung ihres Unterrichts und Gartens Entscheidungen treffen zu müssen, die weder von anderen Schulen eins zu eins übernommen werden können noch irgendwo nachzulesen sind.

Nur an einer Minderheit der Waldorfschulen wird der Gartenbauunterricht von zwei Fachkräften vertreten, die sich austauschen und ihren Fachbereich gemeinsam weiterentwickeln können. In den meisten Fällen wird dieses Unterrichtsfach von einer Lehrkraft alleine unterrichtet. Nicht selten – und besonders zu Beginn der Lehrtätigkeit – ergeben sich Situationen, in denen der Einzelne verunsichert ist, welcher Weg begangen werden soll oder wo notwendige Informationen zu finden sind: Ob es nun darum geht, die eigene Arbeit im Kollegium zu vertreten und sich eventuell für eine bessere Ausstattung stark zu machen oder ob nur die Frage im Raum steht, wo bestimmte Geräte oder Saatgut kostengünstig bezogen werden können – auf viele Fragen gibt es keine allgemeingültige Antwort. Und so bleibt nur die Möglichkeit, sich ganz individuell und eigenständig nach Hilfe umzuschauen.

Für Kolleginnen und Kollegen, die eine Gartenbaustelle neu an einer Schule antreten, empfiehlt es sich, zuallererst Fachkräfte umliegender Schulen zu kontaktieren und mit ihnen einen regelmäßigen Austausch aufzubauen. Zumeist besteht hier eine große Offenheit und Bereitschaft der gegenseitigen Hilfe, wodurch einerseits Ideen für die Gestaltung des Bereiches an der eigenen Schule entstehen können, andererseits auch ganz praktische Dinge – wie zum Beispiel der Austausch von Pflanzen oder Adressempfehlungen – weiterhelfen können.

Durch die Lehrerschaft des Gartenbaubereiches wird jährlich im Januar die einwöchige «Internationale Gartenbaulehrertagung» ausgerichtet. Die Planung und Durchführung wird jedes Mal von Gartenbaukolleginnen und -kollegen aus wechselnden Regionen organisiert. Diese Tagungen stellen einen wichtigen Treffpunkt der Fachschaft dar, an dem ein reger Austausch stattfindet, Kontakte aufgebaut und gepflegt werden und ein breit gefächertes Angebot von Vorträgen, Seminaren und praktischen Kursen die Möglichkeit bietet, sich ganz individuell zu bestimmten Themen fortzubilden.

Des Weiteren finden in vielen Teilen Deutschlands regelmäßige Regionaltreffen der Gartenbaulehrerinnen und -lehrer statt. Diese Treffen werden in jeder Region unterschiedlich terminiert und inhaltlich gestaltet. Häufig wechseln sie von Schule zu Schule, sodass von allen Fachkolleginnen und -kollegen nach und nach alle Schulgärten und die dortige Arbeit begutachtet werden können. Es empfiehlt sich sehr, sich in der eigenen Umgebung umzuhören, um herauszufinden, ob dort Regionaltreffen durchgeführt werden. Ein regelmäßiger Kontakt und Austausch mit Lehrkräften des Fachbereiches kann die eigene Arbeit sehr positiv unterstützen und stärken.

Besonders für Menschen, die ohne «klassische» Waldorflehrerausbildung eine Arbeitsstelle im Bereich des Gartenbauunterrichts übernommen haben, stellt sich die Frage, wie man sich möglichst gut und schnell mit den pädagogischen Grundlagen und der praktischen Unterrichtsgestaltung vertraut machen kann. Nur mit einem entsprechenden Basiswissen kann die eigene Arbeit solide aufgebaut und über Jahre hinweg erfolgreich durchgeführt werden. Deshalb sollte dringend erwogen werden, unter Umständen eine berufsbegleitende Ausbildung nachzuholen oder die Möglichkeiten von fachspezifischen Fortbildungen zu nutzen (siehe Anhang: *Kontaktdressen*).

# Anhang

## Der Gartenbauunterricht an Waldorfschulen – ein Leitbild

(erarbeitet auf einer Gartenbaulehrertagung)

Der Gartenbauunterricht an Waldorfschulen basiert auf der Waldorfpädagogik und ist fester Bestandteil ihres Lehrplans.

Dabei stehen die Schüler in ihrer jeweiligen Entwicklung, der Schulgarten und die Natur in ihrem Gesamtzusammenhang im Zentrum des Bemühens.

Die Schüler sollen Schönheit und Vielfalt der Natur erleben und entdecken sowie deren Zusammenhänge erkennen lernen.

Durch Fachwissen und gestaltende, pflegende Arbeit an der Natur entwickeln die Schüler Urteilsvermögen und Verantwortungsbewusstsein.

Der Schulgarten wird als Kulturraum geschaffen und so gestaltet, dass Fülle, Schönheit und Sinn erlebbar werden.

Daraus entwickelt sich das Gefühl der Ehrfurcht und Dankbarkeit der Schöpfung gegenüber.

Es werden Aufmerksamkeit und Bewusstsein dafür geweckt, dass die Erde der Achtsamkeit und der Pflege des Menschen bedarf.

Daraus bilden sich neue und notwendige Kulturimpulse zur Bewahrung unserer Lebensgrundlagen.

## Umfrage zur Situation des Gartenbauunterrichts an Waldorfschulen

Im Herbst 2008 wurde durch Gerhardt Stocker, gewählter Vertreter der Gartenbaulehrer (GBL) in Deutschland und Dozent für Gartenbau am Institut für Waldorf-Pädagogik in Witten/Annen, zur Situation des Gartenbaus ein Fragebogen an alle deutschen Waldorfschulen versandt. 71 Rückläufe lagen zur Auswertung vor und die Ergebnisse wurden auf der Internationalen Gartenbaulehrertagung in Sarstedt im Januar 2009 vorgestellt.

Zwar kann die Umfrage nicht als «wissenschaftlich repräsentativ» gewertet werden, doch zeigt sie deutliche Tendenzen auf, die auch heute noch die Situation an den Schulen ziemlich genau widerspiegeln. Denn auch auf den jährlichen Tagungen und bei Regionaltreffen bestätigt sich das Bild der Umfrage zu großen Teilen.

Da die gesamte Befragung für eine ausführliche Darstellung in diesem Buch zu umfangreich ist, wurden die wichtigsten Punkte zusammengefasst und die Ergebnisse in Auszügen dargestellt. Dies geschieht, um Berufsanfängern und Entscheidungsträgern eine Hilfe zu geben und die Festlegung von Rahmenbedingungen für den Gartenbaubereich zu erleichtern. Wenn Interesse besteht, die gesamten Umfrageergebnisse einzusehen, wende man sich bitte direkt an:

Witten/Annen Institut für Waldorf-Pädagogik e.V
Herrn Gerhardt Stocker
Annener Berg 15
58454 Witten
www.wittenannen.de

## Klassenstufen, in denen Gartenbau mehrheitlich unterrichtet wird

Die Umfrageergebnisse ergaben einen sehr deutlichen Schwerpunkt auf den Klassenstufen 6 bis 8: An 97,3% der befragten Schulen wird der Unterricht in Klasse 6 und 7 erteilt. 91,8% führen den Unterricht auch in der 8. Klasse weiter. Immerhin noch 42,5% geben die Durchführung des Faches für Stufe 9 und 27,4% für Stufe 10 an. Nur in Einzelfällen wird der Gartenbauunterricht in der Unterstufe (1 Angabe) und in den Klassen 11 und 12 (4 bzw. 3 Angaben) durchgeführt.

## Einteilung der Klassen bzw. Gruppengrößen

Aus 63 Angaben kann entnommen werden, dass nur in 1,6% der Fälle (2 Schulen) der Gartenbauunterricht mit der ganzen Klasse durchgeführt wird, wobei nicht zu entnehmen ist, welche Klassenstärke damit einhergeht. In 25,4% der Schulen wird das Fach in halbierten Klassen unterrichtet. Die große Mehrheit der Schulen (71,4%) führt den Gartenbau in gedrittelter Klassenstärke durch.

Die durchschnittliche Gruppengröße wird in 46 Schulen mit 10 bis 4 angegeben. 25 weitere Schulen grenzen die Zahl mit 11 bzw. 12 SchülerInnen pro Gruppe genauer ein (insgesamt 71 Angaben).

## Ganzjährig durchgeführter oder epochaler Unterricht

Die Angaben zeigen in der Mittelstufe einen deutlichen Schwerpunkt auf der ganzjährigen Durchführung des Unterrichts: In Klassestufe 6 führen 55 Schulen den Unterricht wöchentlich durch, in 10 Fällen werden Epochen erteilt. In Klasse 7 besteht ein ähnliches Verhältnis:

49 Schulen bieten ganzjährig Unterrichtsstunden, 8 Epochenunterricht an.

In Klassenstufe 8 überwiegt ebenfalls der durchgehende Unterricht (an 39 Schulen). Das Verhältnis verschiebt sich aber zunehmend. 20 Schulen erteilen nur noch Epochenunterricht. In den Klassen 9 und 10 steht der epochale Unterricht deutlich im Vordergrund, wobei zu untersuchen wäre, ob sich die Angaben auf das Landwirtschaftspraktikum (Klasse 9) und die Veredelungsepoche (Klasse 10) beziehen oder ob darüber hinaus Unterricht erteilt wird.

## Der Schulgarten

Von 70 Angaben verzeichnen 47 Schulen die Lage des Gartens direkt auf dem Schulgelände, 23 befinden sich außerhalb, in einer Entfernung von bis zu 5 Kilometern.

Von 58 Schulgärten verfügen 31 (53,4%) über 1000 bis 5000 Quadratmeter, 11 umfassen 0,5 bis 1 Hektar und 9 Gärten mehr als 1 Hektar.

Von 67 Schulen betreiben 46,3% Tierhaltung im Schulgarten, wobei in 9 drei oder mehr Tierarten gehalten werden.

## Der Unterrichtsraum

Bis auf einen Fall (bei 67 Angaben) stehen an allen Schulen dem Gartenbaubereich eigene Unterrichtsräume zur Verfügung, wobei mit 57,4%, also mehr als die Hälfte, über ein eigenes Gebäude im Schulgarten verfügen. 72,7% (von 66 Angaben) verfügen über eine eigene Kochgelegenheit im Unterrichtsraum.

## Das Landwirtschaftspraktikum

An 69 von 71 Schulen wird das Landwirtschaftspraktikum durchgeführt, wobei mit 82,6% der eindeutige Schwerpunkt auf der 9. Klasse liegt.

In 52,2% der Fälle (von 67 Angaben) dauert das Praktikum drei Wochen, bei 25,4% findet es über zwei Wochen und bei 11,9% über vier Wochen statt.

In 25 Schulen (36,2% von 69 Angaben) findet das Praktikum in Kleingruppen statt, bei 23 (33,3%) werden die Schülerinnen und Schüler alleine oder zu zweit verschickt und 18 (26%) führen es im Klassenverband durch.

71,4% (bei 56 Angaben) beschränken sich dabei auf Orte in Deutschland.

## Die Veredelungsepoche

An zwei Dritteln der Schulen (71 Angaben) wird die Veredelungsepoche nicht oder nicht mehr durchgeführt (67,6%). Findet die Epoche statt, so wird sie vorzugsweise in der 10. Klasse für durchschnittlich eine Woche in Kleingruppen unterrichtet.

## Situation der Gartenbaulehrerinnen und -lehrer

67,6% (bei 68 Angaben) der Gartenbaulehrkräfte unterrichten ein volles Deputat. 16,2% (11) der Lehrkräfte haben ein halbes bis volles Deputat.

Knapp die Hälfte (46,4%) der Kolleginnen und Kollegen unterrichten ausschließlich Gartenbau (69 Angaben).

Bei etwas mehr als der Hälfte der Gartenbaulehrkräfte (57,2%), die andere Fächer in Kombination unterrichten, beträgt der Anteil des Gartenbauunterrichtes 75% bis 98% des Gesamtdeputats (35 Angaben).

In 81,8% (88 Angaben, Mehrfachnennungen waren möglich) gaben die Lehrkräfte als Ausbildung einen «grünen» Beruf an, hauptsächlich im landwirtschaftlichen und gärtnerischen Bereich. Außerdem gaben 75% darüber hinaus an, eine waldorfpädagogische Ausbildung durchlaufen zu haben.

# Kontaktadressen

## Ökologisch erzeugtes Saatgut

Bingenheimer Saatgut AG –
Ökologische Saaten
Kronstr. 24, 61209 Echzell-Bingenheim
Tel. 0 60 35/1 89 90
Fax 0 60 35/18 99 40
info@bingenheimersaatgut.de
www.bingenheimersaatgut.de

Dreschflegel GbR
In der Aue 31, 37213 Witzenhausen
Tel. 0 55 42/50 27 44
Fax 0 55 42/50 27 58
info@dreschflegel-saatgut.de
www.dreschflegel-saatgut.de

## Zubehör und Wachs für das Kerzenziehen

Exagon GmbH
Industriepark 202,
78244 Gottmadingen
Tel. 0 77 31/97 70 07
exagon@t-online.de
www.exagon.ch

Wilfried Müller KG
Lindener Weg 12, 29581 Groß Süstedt
Tel. 0 58 08/3 01
Fax 0 58 08/18 13
info@wm-bienenwachs.de
www.wm-bienenwachs.de

## Imkerbedarf, Gläser und Flaschen

Heinrich Holtermann KG
Scheesseler Straße 12, 27386 Brockel
Tel. 0 42 66/9 30 40
Fax 0 42 66/93 04 20
info@holtermann.de
www.holtermann.de

## Biologisch-dynamische Präparate

CvW KG (Internationale
Präparatezentrale)
Brunnenhof Mäusdorf
Hohe Straße 25, 74653 Künzelsau
Tel. 0 79 40/22 30
Fax 0 79 40/49 11
c.v.wistinghausen@t-online.de
www.praeparatezentrale.de

## Korbflechten

Flechtwerkstatt Kandern
Werksiedlung St. Christoph
Glashütte 1, 79400 Kandern
Tel. 0 76 26/91 51 15
www.werksiedlung.de

## Fortbildungs-Intensivwochen für Gartenbauunterricht

Seminar für Waldorfpädagogik
Hamburg
Hufnerstraße 18, 22083 Hamburg
Tel. 0 40/88 88 86 10
Fax 0 40/88 88 86 11
mail@waldorfseminar.de

# Literatur

Birkenbeil, Helmut: Vorwort. In: Kaiser, Christoph (Hrsg.): *Vom Schatz im Acker: Schulgarten, Landwirtschaft, Ökologie. Naturerziehung an den Waldorfschulen Tübingen und Heidelberg*, Tübingen 2003, Seite 2 ff.

Böhme, Werner/Hahn, Peter/Gottschalk, Siegried/Weitzmann, Rolf: *Schulgartenunterricht: Lehr- und Arbeitsheft für die Klassen 3 und 4.*, 10. Auflage, Berlin 1980.

Chef der Zivilverwaltung im Elsaß: *Der Schulgarten*, Karlsruhe 1942.

Gebauer, Michael: Der Schulgarten als Ausdruck des Verhältnisses von Mensch, Natur und Kultur. In: Pütz, Norbert/Wittkowske, Steffen (Hrsg.): *Schulgarten- und Freilandarbeit – Lernen, studieren und forschen*, Bad Heilbrunn 2012, Seite 65–84.

Giest, Hartmut: Kategoriale Bildung im Schulgarten – komplexe Lerngegenstände im fächerübergreifenden Unterricht. In: Pütz, Norbert/Wittkowske, Steffen (Hrsg.): *Schulgarten- und Freilandarbeit – Lernen, studieren und forschen*, Bad Heilbrunn 2012, Seite 13–39.

Graf, Alfred: Der Gartenbauunterricht als Symbiose von Gartenbau und Unterricht. In: Lange, Peter (Hrsg.): *Pädagogischer Gartenbau. Gartenbauunterricht an Rudolf-Steiner-Schulen*, Heft 1–3, Auslikon 1995, Heft 1, Seite 17–19.

Kaiser, Christoph (Hrsg.): *Vom Schatz im Acker: Schulgarten, Landwirtschaft, Ökologie. Naturerziehung an den Waldorfschulen Tübingen und Heidelberg*, Tübingen 2003.

Klöckner, Katrin: *Schulgarten – wie geht denn das? Eine Lernwerkstatt für Klasse 2 und 3*, Saulgrub 2012.

Krause, Rudolf: *Zum Gartenbauunterricht an den Waldorfschulen*, Wanne-Eickel 1984.

Lange, Peter (Hrsg.): *Pädagogischer Gartenbau. Gartenbauunterricht an Rudolf-Steiner-Schulen*, Heft 1–3, Auslikon 1995.

Mackensen, M. von: Zum Gartenbau, In: Lange, Peter (Hrsg.): *Pädagogischer Gartenbau. Gartenbauunterricht an Rudolf-Steiner-Schulen,* Heft 1–3, Auslikon 1995, Heft 1, Seite 9–11.

Pütz, Norbert/Wittkowske, Steffen (Hrsg.): *Schulgarten- und Freilandarbeit – Lernen, studieren und forschen*, Bad Heilbrunn 2012.

Richter, Tobias (Hrsg.): *Pädagogischer Auftrag und Unterrichtsziele einer Freien Waldorfschule*, 1. Auflage, Stuttgart 1995.

Steiner, Rudolf: *Erziehungskunst. Methodisch-Didaktisches.* Vierzehn Vorträge, gehalten in Stuttgart vom 21. August bis 5. September und Schlußworte vom 6. September 1919 anläßlich der Gründung der Freien Waldorfschule, Gesamtausgabe (GA) Bibl.-Nr. 294, 6. Auflage, Dornach1990.

Steiner, Rudolf: *Konferenzen mit Lehrern der Freien Waldorfschule Stuttgart 1919–1924*, Band I–III, GA 300a–c, 4. neu durchgesehene und erweiterte Ausgabe, Dornach 1975.

Steiner, Rudolf: *Die pädagogische Praxis vom Gesichtspunkte geisteswissenschaftlicher Menschenerkenntnis. Die Erziehung des Kindes und jüngeren Menschen. Acht Vorträge gehalten in Dornach vom 5. bis 22. April 1923*, GA 306, 4. Auflage, Dornach 1989.

Steiner, Rudolf: *Geisteswissenschaftliche Grundlagen zum Gedeihen der Landwirtschaft. Landwirtschaftlicher Kurs*, GA 327, 8. Auflage, Dornach 1999.

Winkel, Gerhard (Hrsg.): *Das Schulgarten-Handbuch*, 3. überarbeitete Auflage, Seelze 1997.

Wittkowske, Steffen: Schulgartenarbeit von Anfang an – Aspekte und Möglichkeiten für Kindertagesstätten und Schulen. In: Pütz, Norbert/Wittkowske, Steffen (Hrsg.): *Schulgarten- und Freilandarbeit – Lernen, studieren und forschen*, Bad Heilbrunn 2012, Seite 41–51.